U0036405

對話 與 溝通

陳欣白／著

序

　　這本書原是針對現代人所面臨的溝通困境而發，以高達美（Hans-Georg Gadamer）和哈伯瑪斯（Jürgen Habermas）二人關於語言、傳統與意識形態觀點的對比，試圖呈現出哲學詮釋學（philosophical hermeneutics）與批判詮釋學（critical hermeneutics）在溝通與理解議題上的相近旨趣，以及因之而來的語言問題在其二人的理論建構過程中立處的關鍵地位。

　　大抵而言，哈伯瑪斯與高達美之間的論戰開始於1967年哈伯瑪斯出版的《論社會科學的邏輯》（Zur Logik der Sozialwissenschaften）一書當中收錄的〈評高達美的真理與方法〉（Zu Gadamers Wahrheit und Methode）一文，這篇文章主要是針對高達美在1960年出版的《真理與方法》一書中的歷史和語言觀點加以批判，認爲高達美將語言提升到存有學層面的做法，實際上是一種語言的唯心主義（linguistic idealism），使得語言成爲意識形態行使宰控力的重要中介。同年，高達美發表〈修辭學、詮釋學與意識形態批判〉（Rhetorik, Hermeneutik und Ideologiekritik）一文以爲回應，除了對哈伯瑪斯先前的批判提出反駁說明外，並強調因著哲學詮釋學反思作用的普遍性，哲學詮釋學不僅不是批判詮釋學的基礎方法論，後者且必須在前

者的反思作用下，才能避免掉入方法論的異化窘境中。1970年
哈伯瑪斯再發表〈詮釋學的普遍性宣稱〉（Die Universitat der
Hermeneutik）一文，對高達美所宣稱的哲學詮釋學的普遍性提
出質疑，主張「詮釋學意識是不完備的，因為它並無法反思到
詮釋學理解的限制。」[1]此外，實效歷史意識所展現的與其說是
理解活動的基礎，不如說是意識形態行使其宰控力的幫兇。
1971年高達美撰述〈答詮釋學與意識形態批判〉（Replik zu
Hermeneutik und Ideologiekritik）一文，認為哈伯瑪斯將精神分
析理論應用到社會科學中的做法，與過去的人文學者或近代的
實證論者將科學及其方法論硬套到人文學科中的做法如出一
轍。1972年高達美再撰《真理與方法》之〈第三版後記〉
（Nachwort zur 3. Auflage），當中除了肯定哈伯瑪斯的批判態度
之外，則又再次強調修辭學的重要性與詮釋學的實踐性。

在這長達數年的論辯過程中，高達美與哈伯瑪斯爭論的議
題始終不離語言、傳統與對意識形態的批判；兩人在論辯的過
程中，一方面對彼此提出詰問，另一方面又吸收對方的詰問，
對原初觀點進行修正與進一步的擴充，加上其他學者對於二人
論辯內容的再探討，我們會發現，整個過程即如高達美所言
的：在共同參與的對話中，呈現出詮釋與理解的循環。

本書的進行採取對比（contrast）的方式，闡述兩人關於對
話與溝通的見解及其後續影響。因此，筆者將以論述高達美哲
學詮釋學的若干觀點為始；繼之以哈伯瑪斯批判詮釋學對哲學
詮釋學的反思，與後者的回應，並在此部分中，突顯出二人思
想關懷的重點——溝通與理解的問題；最後，再提出二人克服

溝通與理解困境的進路。而之所以將二人的觀點進行對比，而非單獨陳述其中任一人的論點，原因就在於經由二人觀點的對比，一方面，可以消極地呈現出二人論點的待議之處；另一方面，則積極地試圖為彼此的論點進行補足，使得語言、傳統與意識形態的意義內容更為明確，而有助於達致真正的溝通與相互理解。

　　這本書原是以我的碩士論文為底而再加以修整而成，我的老師張鼎國教授是個剛毅木訥的學者，無論是在我修業或寫作論文的過程中，老師總是以他豐厚的學識和鼓勵的態度，在提點我缺失的同時，也給予我足夠的時間和空間完成一個個階段性的任務。陳文團老師和曾慶豹老師在關於我對哈伯瑪斯思想的理解上提供了諸多的意見，陳老師指出高達美與哈伯瑪斯關於對話與溝通觀點的根本歧異，在於高達美認為對話即是為了溝通，哈伯瑪斯則指出人們的對話有時並不只是為了溝通，而這種狀況往往使得人們無法達到相互之間的真正理解。哈伯瑪斯曾試圖以心理學精神分析的理論來論證這項觀點，但真正發揮積極作用的則是他的溝通行動理論。陳老師所言，我的老師也曾經提過，我想這正是本書尚待繼續努力的部分。此外，另有一位師長雖然未曾在論文內容上指導過我，但卻在我處境最糟的時候做我的支拄──李增老師告訴我：「只要唸書、作學問這件事真正讓妳感到快樂，而不是為了其他目的，那麼老師就支持妳！」揚智出版社的林新倫總編輯願意為默默無名的初生之犢出版此書，除見其對學術的喜好與堅持外，對我更是莫大的鼓勵。

　　我還想謝謝我的外公、媽媽和立儀，有他們，我才有每天
重新開始並繼續下去的力量！

陳欣白

目　錄

緒　論

　　當代詮釋學大師高達美在其1970年撰述的〈語言與理解〉一文中提到：「我們到處可以見到人們企圖在地區、民族、聯盟及世代之間建立相互理解的努力遭到失敗；好像缺少共同語言，而所用的主導概念卻像火上加油，反而使人們共同力求消除的對立和緊張固定化並尖銳化。」[1]高達美的這段話首先點出了近代人在溝通與相互理解上所面臨的困境，這一方面表現為共識的難以形成；另一方面，則是所謂的共識似乎常是某種強力或者意識形態作用下的結果。問題是：何以我們會一再面臨到此種溝通與相互理解的困境？是如同高達美所言好像缺少了某種共同的語言，以致於始終無法理解他者的觀點？又或者我們必須更徹底地詰問：「會否是一般的語言觀點構成了我們理解與溝通的限制？」換言之，我們總認為掌握了語言，就掌握了開啟世界之鑰，但有沒有可能就在我們充滿信心啟動語言之鑰的同時，卻反將自己關入原初禁絕的密室中？倘若真是如此，則我們就有必要檢討這種語言的工具傾向，並嘗試以另一種面向的思考揭示出人們在語言當中達成相互理解的可能性條件。

　　上述引文其實尚隱含了另一個問題：「高達美提到人們在試圖相互理解的過程中所採用的主導概念有時反而會成為溝通的障礙，以致使彼此的對立和緊張情況更為嚴重。」在此，我們有必要深究的是：「除了語言的工具論之外，高達美所言的主導概念究竟為何？又何以這些主導概念阻撓了溝通的進行與相互理解的可能性？」關於此，我們或許有必要重新審視近代自然科學及其方法論對人們生活世界的影響。原因是，近代自

然科學及其方法論所一再宣稱的理性、客觀性與普遍性已經深刻影響了人們觀看自身與世界的角度，並且賦予人們一套全新的——無論是與自然宇宙，或是與社會人際，甚而精神靈魂的溝通模式。然而問題是：倘若如同高達美所言，連在區域間、民族間與世代間的交流和溝通都呈現出莫大的困難，則自然科學及其方法論所強調的普遍客觀性又該以何種面貌呈現？這個問題的更徹底詰問：「自然科學及其方法論所主張者，是否就是所謂理性、客觀性與普遍性的唯一判準？」此問題也引伸出我們對於歷史和傳統的觀點。倘若根據自然科學的立場，則傳統自然是充滿偏見與非理性的存有，是阻撓進步而必須加以批判的絆腳石，然而除了消極的面向外，傳統難道不具有更積極的作用嗎？換言之，傳統與對傳統的反思之間是否一定是種相悖的關係？是否可能其實我們也可以在對歷史和傳統的肯定態度中，尋得前進的基礎與動力？倘若可以，則我們就有必要去瞭解究竟歷史和傳統是如何地對我們產生作用，以及正視其該有的存在價值。

　　高達美的哲學詮釋學主張人們經驗世界的模式是「詮釋學的」（hermeneutic），亦即我們總是在不斷的詮釋與理解活動中成就自身的生命圖像。並且，由於「理解活動並不是主體諸多行為方式中的一種，而是此有（Dasein）自身的存在方式。」[2]如何經由溝通而導致相互地理解，自然成為哲學詮釋學的探討重點。同樣的課題也為哈伯瑪斯的批判詮釋學所重視。哈伯瑪斯反思近代自然科學及其技術方法的界限，認為生活的實在（reality）已有被過度科學化的傾向，但是總有一些科學及其方

法無法到之處，如道德與美感經驗。其不僅是科學方法無法依
實驗過程加以操控的領域，人類一切存有的境況與自由性更是
以此為基礎而不斷地往前推進與一次次地獲得確認[3]。基於上述
觀點，哈伯瑪斯於是亦承認歷史與傳統的存在價值，並進一步
肯定高達美所提出的前見（prejudice; vorurteil）與理解的循環
（the circle of understanding）的觀點，其主張我們不可能在毫
無基礎的前提下進行理解活動，以及所有的觀察和理論建構都
必須受到傳統的影響，而這就粉碎了實證主義對社會進行全然
客觀與價值中立的解釋的宣稱，並且正是在這一點上，哲學詮
釋學得以發揮其積極作用，而成為批判詮釋學的輔助學科。

　　問題是：「何以在哈伯瑪斯的觀點中，哲學詮釋學的價值
僅在成為批判詮釋學的輔助學科？究竟對哈伯瑪斯而言，哲學
詮釋學的不足之處何在？」我們可以從文獻中發現，高達美強
調實效歷史的循環作用，以及在此其中一切的理解過程都是一
種語言現象。哈伯瑪斯固然也肯定歷史與傳統的存在價值，但
這並不意味著他認為我們就不需要對傳統中不合時宜的部分加
以批判甚而刪除；語言固然是社會行動[4]的底基，「然而，社會
行動的客觀基礎並無法被主體際之間相互認同以及用語言符號
傳達的意義面向所窮盡，語言結構只是社會中複雜結構的一部
分。」[5]，更重要的是，將一切現象都納入到歷史和語言之中的
結果，將使得我們在每一回的溝通與理解過程中，受到權威與
意識形態的宰制而不自知，無法進行真正對等、無扭曲的溝
通，相互間的理解與共識自然無法達成。哈伯瑪斯在此揭露出
哲學詮釋學所面臨的困難點是：意識形態並不等於前見，說明

了某個人的前見與理解的境遇性（situatedness），並不意味著同時也說明了此人的觀點是如何地受到意識形態的作用，而倘若無法意識到意識形態的作用，則又要如何對其加以反思[6]？於是，在此我們必須進一步探討的就包括了：首先，是否真如哈伯瑪斯所言，除了語言之外，組成社會行動的客觀基礎尚包括了勞動（work）與統治（domination）的政經要素？抑或如同高達美所言，勞動與統治要素同樣必須被納入到語言與歷史的作用之中？其次，哈伯瑪斯所言的意識形態為何？其生成根源、展現形式，以及其又是如何地作用到我們的溝通與理解過程中？最後，倘若哈伯瑪斯真是指出了哲學詮釋學的痛處，換言之，當意識形態真實地，卻又時常不為所覺地透過歷史和語言作用在人們身上時，哲學詮釋學又要如何對此加以反思？是否批判詮釋學在此能夠提出一條比哲學詮釋學更為積極充分的進路？

透過高達美與哈伯瑪斯二人對於語言、傳統與意識形態觀點的對比，本書的研究目的大抵可以分為以下幾部分：

首先，論證現代自然科學及其方法論所強調者，實際上並非理性、客觀性與普遍性的唯一判準。當然我們不能否定科學與技術的發展帶給人類物質文明的長足進步，也不否定其在最初的過程中，挑戰傳統權威、賦予人們新的自主能力的貢獻。然而，因著對科學理性的過度崇拜，目的理性行動（purposive-rational action）幾乎完全取代了人們之間的互動交往（interaction），技術控約的意識（technocratic consciousness）將人類生活的豐富內涵完全化約為制式的方法和程序控制[7]，在這

樣的過程中，人們實際上並沒有得到當初科學及其技術或方法
所承諾的自由與幸福。

　　其次，是對歷史與傳統價值的重新估量。因著科學及其方
法論的影響，許多的人文學者也極欲建立一套所謂的人文科
學，希望能夠將在自然科學中那套標榜絕對客觀、理性的方法
移植到人文學科中，使人文學科也能夠如同自然科學一般，獲
得客觀性與普遍性的基礎，而成為一門真正的「科學」。傳統
的詮釋學科學（hermeneutical science）、近代的行為論以及實
證主義，都是在此思想背景下所產生的產物。這些人文學者所
忽略的是：掌握了方法所獲得的，不必然就是真理，將傳統全
然等同於在自然科學中所欲剔除的偏見與非理性因素，更是在
實際上徹底截斷了我們自身存有與進行認知的根源，否定了人
類活動在不同時代中展現出不同意義的可能性。我們之所以必
須重新正視傳統與歷史的正面價值，是因為所謂的進步原本就
不該只是向前的開創，而更同時包括了向後刨掘自身存有的根
源。

　　再者，是關於意識形態的反思。無可否認地，如同哈伯瑪
斯所言，意識形態的宰控力量會透過歷史傳統以及語言的運
作，作用在人們試圖經由溝通而相互理解的過程中，再加上意
識形態常以一種「典範」而非脅迫的面貌出現[8]，這更使得人們
無法察覺其存在的深遠影響。哈伯瑪斯對意識形態的批判在哲
學詮釋學看來雖有其不足之處，但卻實實在在地指出了意識形
態對人們的深刻控約。在這一點上，批判詮釋學的確增強了社
會中的相對弱勢者對抗強權的力量。如果說哲學詮釋學的貢獻

之一，是促使人們對自身處境的明白體認，批判詮釋學對意識形態的批判則除了做到這一點之外，更積極地賦予了人們衝破被壓制處境的利刃。

最後，回歸到題目所言：尋求眞正溝通與相互理解的契機。論證語言的符號化與工具化傾向限定了語言本身豐富活潑的意義內涵，使得人們彼此的溝通與理解更形困難。語言的眞正存有方式，是在文化世界中表現人類的精神與生活經驗，而非僅是一個個被化約爲溝通工具的符號印紀，眞正的溝通與相互間的理解必須在這樣的語言觀中進行。高達美的對話模式說明了所謂的溝通不是一堆符號或聲幅組合的往復交換，更不是將自身的意見強加在他者身上；所謂的相互理解，亦不是讓步之後的妥協共識，而是在保有自身立場的前提下的共同提昇。要之，眞正的溝通與相互理解之可能實現，其一，是語言的去符號化與工具化傾向；其二，則是一種眞正對話結構的揭示。

綜上所述，本書將首先由高達美的觀點出發，論證由於理解活動作爲此有本身本然的存在方式，故詮釋學經驗即作爲此有的實存經驗。詮釋學經驗既是歷史性的經驗，也是辯證性的經驗，這一方面說明了我們總是在有所根源的前提下進行理解活動；另一方面則指出了我們在承繼傳統的同時，一樣可以具有積極反思與開創的可能性。而我們之所以能夠克服時間距離的界限，同時進行繼承與開創的工作，這一方面必須透過語言的中介（medium）[9]，另一方面則不能忽略時間距離除了消極地阻隔時空之外的積極作用。因此，高達美著手檢討近代語言觀中的工具化與符號化傾向，強調語言的眞正存有方式是表現

人類在文化社會中的精神與思想內涵。因此,能被理解者,必定是一種語言的理解;反之,存在於人類文化社會中的歷史流傳物,也必定是以一種語言的形式展現在我們面前。

　　要之,在高達美的思想中,語言、理解與歷史三者緊密相扣:我們必須在歷史傳統的作用下,以語言模式進行理解活動,構成此有的存在。關於此,哈伯瑪斯的觀點則不盡相同。因此,在討論過高達美的論點後,本書試圖再以批判詮釋學的觀點來反思哲學詮釋學的界限所在,這包括了:

　　首先,在關於歷史傳統(historical tradition)的面向上,哈伯瑪斯一方面固然肯定哲學詮釋學,如前見與理解的循環等觀點,可以對實證論與維根斯坦的語言觀進行有效反思,但另一方面,哈伯瑪斯則指出:哲學詮釋學強調歷史無所不在的實效性,並因此承認權威的作用,這不僅對社會的不佳現狀缺乏積極批判與再造的能力,甚至反如保守主義一般窒礙了進步的可能性。

　　其次,在語言問題方面,哈伯瑪斯認為高達美以語言性(linguisticality)作為一切社會結構和理解活動的基礎,這與黑格爾以絕對意識作為一切反思的終點一樣,都是一種徹底唯心主義的表現。哈伯瑪斯認為,正是由於這種語言唯心主義的傾向,哲學詮釋學於是不當擴大了歷史、傳統甚而權威的價值和作用,而無法正視到自身的侷限性。他因此另外提出一套「參照體系」(reference system),主張除了語言之外,構成社會行動的客觀基礎實際上還包括了勞動與統治的要素。

　　最後,是關於意識形態的問題。哈伯瑪斯之所以對哲學詮

釋學中的歷史傳統和語言觀點提出質疑、批判，那是因爲他認
爲所謂的意識形態，往往是以語言、勞動和統治爲中介，使人
們受其宰控而不自覺。哲學詮釋學對傳統權威的承認、對歷史
實效的過度擴充，助長了意識形態的作用；以語言性作爲一切
社會結構與理解活動的基礎，則是限制了詮釋學的反思能力，
而未能夠意識到在歷史發展的過程中，外在於歷史但卻又影響
其發展方向與內容的政治和經濟因素[10]。意識形態以一種不易
爲人所覺，但卻又無所不在的姿態，作用於社會生活的各個面
向，造成一種系統扭曲的溝通（systematically distorted
communication），亦即：不存在眞正對等、無壓制
（unconstraint）的溝通，取而代之的，是一種在不平等權力關
係下的命令與服從。在此，哈伯瑪斯欲輔以精神分析理論重建
人們溝通能力（communicative competence）的進路，來進一步
證實批判詮釋學在方法論上的解放基礎[11]，期待因此消除意識
形態的宰控作用。只是，哈伯瑪斯的心理學進路似乎並不成
功。其根本的爭議在於：用於個人心理治療過程的方法與判
準，是否也適用於比個人情境更爲複雜的整體社會？[12]

　　不過，無論如何，哈伯瑪斯對於意識形態的批判，其目的
就是爲了實現一無壓制的溝通（unconstrained
communication），以取代現今系統扭曲的溝通。在此我們會發
現，如何實現一種眞正的溝通與相互的理解，不僅是哲學詮釋
學關注的焦點，也是批判詮釋學發展的中心旨趣。因此，最
後，我們仍將回歸到題目所言——語言與相互理解，針對哈伯
瑪斯的溝通理論與高達美的對話模式加以分析討論。簡言之，

哈伯瑪斯認為，我們可以透過溝通能力的重建，揭示出理想的言說情境（ideal speech situation），以消除意識形態在人們溝通與理解過程中的宰控作用。簡言之，即是欲以溝通理性來取代現今的工具理性。另一方面，高達美認為哈伯瑪斯所謂「經由理想的言說情境而達成的理性共識」，實際上並不可能實現，他主張我們唯有在一種真正的對話模式中，才能藉由視域（horizon）的交融，達成相互的理解。與此相關的，是修辭學地位的重新界定，其不該僅被視為一種「講話形式的理論和說服的手段，而是可以不經任何理論的反思而發展成實際的技能。」[13]並且，關於「他者」（the other）的觀點也有必要被特別提出探討，這一方面與哲學詮釋學的辯證性經驗深切相關；另一方面，則反映出高達美對近代主體性哲學的深刻反思。

註釋

1.參見洪漢鼎／夏鎮平譯，《漢思——格奧爾格‧加達默爾，眞理與方法第二卷》（ *Hermeneutik II Wahrheit Und Methode* ）（台北：時報，1995），頁203。

2.Hans-Georg Gadamer, *Wahrheit und Methode: Grundzuge einer philosophischen Hermeneutik.* （Tubingen: J. C. B. Mohr, 1960）Preface to the 2d ed., xvi. （本書以下簡稱WM）。這段話其實是高達美引述海德格的觀點，高達美指出：海德格關於時間距離（temporal distance）的分析，說明了因著過去與當下的採距，歷史於是具有某種反思作用於其中。一方面，我們承繼歷史的流傳物，作爲存有的基礎；另一方面，我們也對歷史流傳物的時宜性加以審視，進而或擲或取，重新籌劃自身的未來。因此，我們總是在一種既陌生又熟悉的環境中，不斷地進行詮釋與理解的活動，這也就是爲何「理解不是主體眾多行爲活動中的一種，而是此有自身本然的存在方式。」此外，時間距離的分析，也同時說明了詮釋學經驗即是一種歷史性（historical）與辯證性（dialectical）的經驗，以及實效歷史意識（consciousness of effective history）如何在時間距離中形成反思作用的問題，這部分觀點將會在書中第二章當中加以討論。高達美對於海德格時間距離觀點的討論還可以參見David Couzens Hoy, *The Critical Circle: Literature History, and Philosophical Hermeneutics* （California University, 1978），p. 127.

3.Alan How, *Habermas-Gadamer Debate and the Nature of the Social: Back to Bedrock* （Avebury Ashgate Publishing Ltd., 1995），p. 2.

基本上，哈伯瑪斯的這項觀點承襲自法蘭克福學派（Frankfurt School）的傳統。對法蘭克福學派的學者而言，自然科學將技術理性（technical reason）視為一切理性思考的唯一模式，但這實際上只是一種理性的意識形態，亦即其不僅不是真正的理性，甚而根本就是一種非理性的表現。

4.哈伯瑪斯所謂的社會行動（social action），指的是受傳統規範與價值觀（traditional norms）作用下的意向性行動（intentional action），而非如同行為論者所宣稱的那種單純由刺激與反應所構成的可預測行為（stimulus-response behavior）。哈伯瑪斯認為，後者是自然科學及其方法論作用下的觀點，其不當簡化了社會行動中的複雜性意涵。

5.Jürgen Habermas, *On the Logic of the Social Sciences*, translated by Shierry Weber Nicholsen and Jerry A. Stark（Polity Press, 1988），p. 173.在此，哈伯瑪斯試圖提出另一套關於社會行動的參照體系（reference system），用以說明詮釋學意識的不完備處，以致於批判詮釋學不該被併入到哲學詮釋學的領域中，而是反過來，後者應當成為前者的輔助學科。此部分將會在本書的第三章加以討論。

6.Georgia Warnke, *Gadamer: Hermeneutics, Tradition, and Reason*（Stanford University, 1987），p.115.哈伯瑪斯在對意識形態進行批判的過程中，提及哲學詮釋學將一切現象納入到語言和歷史的作用下的觀點，一方面，是反應出哲學詮釋學未能反思出自身的理論限制；另一方面，則是助長了意識形態的宰控力量。原因是，構成社會行動的客觀基礎除了語言之外，尚包括了勞動與統治因素所構成的參照體系，並且，將歷史與傳統過度擴張的結果，也將形成阻礙

進步的保守力量。高達美對此的回應是：哈伯瑪斯在語言條件
（linguistic condition）與所謂的勞動和統治要素所組成的實質條件
（material condition）之間進行對比的做法，其實沒有多大意義，因
為所謂的實質條件同樣必須處於歷史與傳統的作用力之下。換言
之，勞動與統治要素一樣有其認知的前見基礎。Warnke在此提出
「說明了某個人的前見與理解的處境，並不意味著同時也說明了此
人的觀點是如何地受到意識形態的作用」這一觀點，為的是指出高
達美前見說的回應，實際上並無法真正解決意識形態作用的問題。

7. 這是在Jürgen Habermas, "Technology and Science as Ideology",
from *Toward a Rational Society*, translated by Jeremy J. Shapiro一文中
的觀點。關於哈伯瑪斯對意識形態的批判，將在本書中第三章當中
加以討論。

8. 「典範」（paradigm）概念由Thomas Kuhn提出，意指某一社會或群
體所普遍共享的理論、信念或觀點。哈伯瑪斯認為，意識形態的典
範化是意識形態發展的最後階段，其特質是一種表象的正當性，使
得人們無法真正意識到其宰控力的存在。舉例而言，資本主義市場
經濟的等質交換（equivalent exchange）觀點看似一種平等的互惠
原則，但這其實只是一種表象式的平等。另一方面，高達美則認
為，正因為意識形態常以一種典範的面貌而非壓制的強力出現，這
就說明了：「意識形態是一個承認與否而非順從與否的問題。」

9. "On the Scope and Function of Hermeneutical Reflection", from
Hans-Georg Gadamer, *Philosophical Hermeneutics*, translated and
edited by David E. Linge（California University, 1977）, p. 29.「中介」
一詞是出自於高達美自己對語言的描述。他在談論到傳統

（tradition）時表示，他在《真理與方法》一書中所一再試圖呈現的觀點是：經由「運作於所有理解過程中的語言性（linguisticality）」，傳統持續不斷地作用在我們身上。原因是，「語言（language）並非僅是一個掌握在我們手中的客體對象（object），語言儲納傳統，並且，在語言的中介中，我們得以實現存有（we exist），並同時知覺（perceive）到自身所處的世界。」

10. Georgia Warnke, *Gadamer*, p.112. 如同先前所述，哈伯瑪斯認為哲學詮釋學之所以無法反思到意識形態的宰控作用，那是由於其未能夠意識到除了語言之外，尚有勞動與統治的要素影響社會與歷史的發展。Warnke認同哈伯瑪斯的批判，指出哲學詮釋學的語言唯心傾向預設了傳統是「自成的」（self-contained），亦即沒有任何所謂「外在於」傳統的條件會影響或作用於傳統的發展，然而，這種觀點卻忽略了有時傳統加諸在人們身上的作用，其實也反應出外在於傳統的社會與經濟因素所形成的宰控力。在此，Warnke特別強調哈伯瑪斯所稱的勞動與統治是「外在於」傳統但卻又深刻影響其發展的要素，但其實對高達美而言，勞動與統治根本不可能外在於歷史的作用。

11. 曾慶豹，《哈伯瑪斯》（台北：生智，1998），頁133。

12. 這是哈伯瑪斯仿照心理學的治療過程，反思意識形態的宰控時所面臨的最大質疑。批判理論一向反對以技術控約的方法運用來說明或理解社會現象，其對實證論的批判是最明顯的例子。但在此，哈伯瑪斯對心理學方法的引用，卻似乎反而落入了其所欲批判的窠臼中。並且，如同Hoy所言，就連佛洛伊德本人都曾經指出心理分析運用到社會領域中的困難性。Hoy引述佛洛伊德在

《文明及其不滿》（*Civilization and Its Discontent*）一書中的觀點，指出將社會現象的批判與個人精神的分析作類比是很危險的做法，因為在個人的心理治療過程中，分析者（心理醫生）預設了相對於病患之外的世界是「正常的」（normal）；但在群體共同生活的世界中，實際上並不存在一個如同心理醫師般具有絕對權威的分析者。既然如此，則我們又要指派誰去預設這樣一個所謂「正常的」判準？參見 *The Critical Circle*, p. 125.

13. "Rhetoric, Hermeneutics, and the Critique of Ideology：Metacritical Comments on Truth and Method", from *The Hermeneutics Reader：Texts of the German Tradition from the Enlightenment to the Present*, translated and edited by Kurt Mueller-Vollmer（Basil Blackwell Ltd., 1986）, p. 276. 另中譯本同註1，頁255。關於這段引述，必須注意的有兩點：首先，高達美此處所說的「技能」（practical mastery）指的並非一種技術、方法，而是如同中譯本作者所言，是將自然的能力（意指理解力）賦予實現的技能。其次，所謂「無須經由任何理論的反思」，同樣意指修辭學不是作為一種方法或理論。綜合上述兩點，我們可以進一步引出如下意涵：其一，高達美在同一頁中提到修辭學與詮釋學之間的關聯時指出：普遍的語言性是作為詮釋學的本質前提（這一點我們曾在先前提及），而修辭學進一步證成了這種普遍的語言性。既然如前所述，修辭學不該僅是一種言說的技術或方法，則詮釋學也就不該只被定義為是一種「理解的技藝學」；其二，修辭學與詮釋學不該僅是一種方法論所隱含的另一層意義是：理解不同於理論式的說明，其必須在共同參與——亦即實踐的過程中才能達致。

第一章

詮釋學經驗作爲
此有的實存經驗

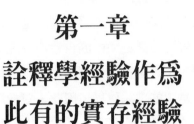

在這一章當中，我們將首先由海德格事實性的詮釋學
（hermeneutics of facticity）的觀點著手。原因是，在事實性的
詮釋學當中所主張的若干見解，如人之存有為一歷史性的存
有、理解與詮釋活動的進行，絕不僅只是一種知識論上的認知
行為，而是在實際生活經驗中的自我成就過程、詮釋學處境、
理解的前結構……等，在在都深刻影響了往後高達美在《真理
與方法》一書當中的理論建構，因此，對於海德格該觀點的闡
述，自然有助於我們對於高達美哲學詮釋學內涵的理解。

第一節　海德格「事實性的詮釋學」

代表海德格中心思想的著作《存有與時間》（Being and
Time）雖然及至1927年才正式付梓出版，但早在1920年代初
期，海德格便開始試圖以胡塞爾現象學的方法概念來處理關於
存有（being）的議題，此時《存有與時間》的構思在海德格的
思想中雖未臻成熟，但他卻已經清楚意識到：「存有的議題絕
對無法脫離實際生活——尤其是實際生活的歷史處境
（historical situatedness of factical life）來探討」[1]。1923年夏
天，海德格講授《存有學》，並同時將其命名為《事實性的詮
釋學》（Ontologie. Hermeneutik der Faktizitat），此時，我們便
已經大抵能夠確立海德格所言的存有著重的是在時間之流中不
斷進行著理解與詮釋活動的人之存有（此有），此外，更重要
的是，此理解與詮釋活動的進行，絕不僅只是一種知識論上的

認知行為，而是立基於實際生活經驗中的自我成就的過程。

「事實性的詮釋學」（hermeneutics of facticity）的提出至少具有兩層重要的意涵：一方面，其標示了現象學在海德格手中轉向了詮釋學的向度，成為所謂的詮釋現象學（hermeneutic phenomenology）；另一方面，人之存有作為一有限的歷史性存有的觀點，則是深刻影響了後來高達美哲學詮釋學的理論開展。在此，我們於是必須進一步探究：究竟海德格所言的「事實性的詮釋學」，其「事實性」（facticity）的意義所指為何？此「事實性」與詮釋學之間的關聯為何？何以現象學會在此觀點的作用下轉向詮釋學的向度？存有與詮釋之間的關聯為何？何以海德格會以「事實性的詮釋學」（尤其是「詮釋學」）這樣一個語詞來試圖探討我們的存有及其處境？

依照James Risser的引述，高達美在探討此「事實性」的觀點時說道：

> 事實性意指事實就其存有本身而言即是一項事實，亦即，任何事物都無法在事實的背後進行。[2]

Risser根據這一段話指出：「所謂的『事實性』指的便是一種生活無法規避的特性（the particularity of life that is inescapable），是使得此有成其為有的根本特質。」[3]簡言之，「事實性」說明了我們存有的基礎既非來自於所謂客觀的理性界，亦非來自於主體意識的反思結果，而是來自於實際生活中的種種經驗。由另一角度視之，海德格「事實性」的觀點，也正說明了實際生活的行進（我們最直接、當下的存有）無法被

任何的抽象概念予以涵括，並且，在此觀點下，海德格於是對哲學的定位與傳統關於「理論性」（theoretical）的觀點提出了翻轉式的見解，而關於此見解的探討則有助於我們理解在海德格的思想中「事實性」、「存有」與詮釋學之間的關聯。

首先，海德格說：「哲學研究是實際生活的基本運作的明確實行（actualization／vollzug），並且也總必須在實際生活當中維繫自身。」[4]而依照受近代自然科學方法論影響而形成的傳統觀點，所謂的「理論」則是意指具體事物或生活抽象之後的歸納結果，倘若我們將前後兩項觀點合而視之，則顯然會導出一項頗為奇怪的結論——亦即：「哲學在傳統的理論觀點下，似乎無法被視之為一套具有嚴格理論架構的研究。」[5]則接下來的問題便是：「究竟是哲學缺乏所謂嚴格的理論架構？抑或傳統的理論觀點有待檢討？」

1922年夏天，海德格在《對亞里斯多德的現象學詮釋》（Phenomenological Interpretations to Aristotle）的課堂上談到了上述的問題。他將亞里斯多德《形上學》（Metaphysics）一書中的一段語句翻譯由一般的「人的本質在於求知」，引申為「期望在眼見中存續——在視界中進行知識的汲取——構作了人之所以為人的存有。」[6]海德格的這項引申與詮釋翻轉了傳統關於「知」（knowing）的觀點。過去的「知」被視為是在主體的意識中，藉由抽象的過程架構出客觀性的活動；海德格則認為「知」該是一段持續不止的眼見（seeing）過程，此眼見至少包括了如下兩層意涵：其一，眼見意指了一種實際的感官經驗，也就是海德格所說的當下、實際的生活經驗（factical life experience）中的一部分；其二，此當下、實際的生活經驗作爲我們理解與認知活動的起點，在不斷的眼見過程中，逐漸形成並擴大我們自身的視域內容——亦即我們實際生活經驗的累積與更迭，而構作了人之所以爲人的存有。綜上所述，我們會發現，海德格所說的「經驗」應該同時包括了實踐（umgehen／行）與認知（auskennen／知）的向度。一切的理論探究都必須以實際生活經驗爲起點，理論架構的堆疊累進即是一段不止息的關於此有的生命的詮釋過程（interpretive moving）[7]，其一方面探究此有進行存在活動的源由與過程（認知），一方面則又對此有所進行的存在活動產生影響（實踐），知與行相結合而不斷累積更迭的實際生活經驗，才是所謂理論的眞正本質與基礎，並且，我們甚至可以因此更進一步地說：「知並不存在於概念當中，而是存在於生活之中。」[8]

　　承上所述，則我們再回頭看待哲學研究時就不難理解，何以海德格要強調實際的生活經驗是哲學研究的起點，而哲學研究也總必須在實際生活當中被理解。原因是，哲學絕不僅僅是肇始於驚異（wonder）的愛智之學，其並不只是爲了純知（authentic understanding）的目的而存在。亞里斯多德曾經提到，光是驚異之感，尚不足以啓發哲學的研究，而是唯有在一切生活的必要條件都齊備之後，爲了休憩（rest）與緩頓（tarrying）的源由，於是有了哲學的思考與探究[9]。海德格針對亞里斯多德的「緩頓」觀點加以延伸，而主張哲學研究即是一種緩頓，其提供我們一種不同的生活步調，並因此而令我們的生活趨於充全。換言之，「理論上（海德格觀點下的理論）的

生活也是一種生活的歷程，一種以不同的步調隨著世界同進的歷程。」[10]「緩頓」的觀點之所以重要，在於一方面，此緩頓是一種相對的時間概念，其僅僅意謂著給予生活不同的行進步調，而非自實際的生活經驗中抽離而出，這就說明了哲學並非僅是一種方法概念的重組，而是如同海德格所言，是「實際生活的基本運作的明確實行」。另一方面，在哲學的緩頓之中，我們於是得以暫歇腳步，回溯源頭，完整看待生命一路走來的軌跡，我們的存有於是不再是一段盲目前行的歷程，而是在哲學的緩頓之中，藉由對自身生命歷程的理解與詮釋，而整全（fulfill）了自身。反過來說，哲學之所以能夠呈現出實際生活的真實樣貌，致使我們的生命整全，就在於其不是一套被抽象構作出的思維邏輯或理論概念，而是相反地，哲學不斷回到實際生活經驗當中去解消掉生活與抽象概念之間的距離。在此，我們隱約可見現象學在海德格身上的痕跡——回歸事物自身（to the things themselves），而且是讓事物以顯現自身的方式在自身當中顯現自身[11]，簡言之，即令我們直接、當下的存有在最實際的生活經驗當中呈現出來！

　　總結上述，則接下來的問題該是：此有如何在實際的生活經驗當中展現自身或證成其有？關於此問題的探討延申出了現象學的詮釋學向度。

　　如前所述，「事實性的詮釋學」強調實際的生活經驗先於理論反思：又任何提問的向度必然與其提問者的身分相關，綜合這兩點，則在實際的生活經驗當中，我們唯一或者最根本的經驗便是經驗自身，我們提出探詢——何謂存有？其以何種面

貌展現？則毫無疑問的，我們所探詢者必然與我們自身的存有
——亦即此有的存有深切相關。海德格的詮釋現象學所關切
的，便是「此有的存有意義的問題」（question of the meaning
of being）[12]。

　　問題是，倘若「事實性的詮釋學」說明了理論反思不足以
掌握實際生活經驗——亦即此有的存有——的全貌；又「知並
不存在於概念當中，而是存在於生活之中」，則我們欲探究此
有的存有及其意義，便不能採取傳統概念分析的方式來進行；
並且，「有關存有學上的議題（即關於存有自身的問題），不
能以處理存有者狀態上的（ontical）的議題（即關於個別存有
者的問題）的相同方式來著手。」[13]為此，海德格於是另外提
出所謂的「存在分析」（existential analysis），亦即：我們必須
以「對存有在此（being-here; Dasein）的經驗的描述」[14]來探究
此有的存有，而這就涉及了詮釋學的向度。

　　原本關於存有問題的探討並非始自於海德格，柏拉圖《對
話錄》中的〈智者篇〉（The Sophist）就曾經描述過陌生人伊里
亞對著一位年輕人說道：「當你們使用存有這個語詞時，顯然
你們早已經知道你們所意指的是什麼。」[15]但這對海德格而言
也正是問題所在：我們總以為自己知道存有是什麼，但實際
上，我們對存有卻是一無所知，原因就在於「那一直使古代哲
學家們心神不寧的晦暗隱蔽之物」，如今已經衰變成「清晰自
明」（clarity and self-evidence）的了。[16]如同Jonathan Rée所
言，「假使存有的問題真的曾經被給以忽視甚而遺忘的話，那
並不是因為被人消音或者強制壓下的結果，而是因為長久以來

存有就一直肆無忌憚地公開招搖著，以致於失去了它原先的尖銳性。」[17]海德格所要作的，便是翻轉這種一直以來我們視存有為理所當然的態度。簡言之，他認為，正是存有的隱而未現而非清晰明確引領我們接近存有；承認存有的隱而未現，並不意味著存有議題的被遺忘，或存有本身的被埋藏，因為如同Rée所言，即便我們無法直接、立即地把握到存有本身，但「只要我們仔細加以盤查，或許它們（所有關於存有學上的判斷）也能揭露出有關存有意義的一些東西來。」[18]而這其實也就是我們先前提到的，即便存有無法以理論反思或概念分析的進路來加以擭握，但卻可以透過對此有的存在經驗的描述，來致使此有的存有於某個角度下開顯，此描述的過程，即是一種詮釋的過程。海德格說：

> 我們的探究本身將會指出現象學描述（phenomenological description）的意義即是作為一種存在於詮釋（interpretation）當中的方法（method）。……（經由現象學的描述／亦即詮釋），存有的根本意義，以及那些此有本身所具備的存有的基本結構，都將在此有對存有的理解過程中被開顯出來。[19]

海德格「事實性的詮釋學」指陳出此有的存有基礎在於實際的生活經驗，這除了意味著我們的存有本身無法被抽象的理論概念所全面擭握之外，也說明了此有存在的事實性——亦即高達美所說的：「事實性意指事實就其存有本身而言即是一項事實」——我們的存有本身是個既在的事實！如同Risser所

言：

> 此有發現自身被拋入到生活之中（thrown into life），它發
> 現自己存在（there），於是此有知覺到的並非「就是這樣」
> （that it is），而是「必須這樣」（that it has to be）。[20]

　　表面上看來，此有意識到自身的被拋入，似乎意味了此有
的接受命定，然而實際上，此有的被拋入並不同於一顆蘋果的
被置入籃中。換言之，此有的被拋入僅僅意謂著此有「既在」
的事實性，此有仍需被成就。並且，是在理解（understanding）
的過程中，此有對自身的存有不斷進行「籌劃」（projecting），
以致於成就自身。要之，理解作為此有存有的一種模態
（mood），其預示了一種此有逐漸成就自身的可能性，因為在不
斷的詮釋活動當中，我們將一次次地對自身的存在經驗進行描
述與豐富，此有的存有於是趨於充全與完整。這也就是我們先
前引述海德格所說的：「……（經由現象學的描述／亦即詮
釋），存有的根本意義，以及那些此有本身所具備的存有的基
本結構，都將在此有對存有的理解過程中被開顯出來。」[21]
　　至此，我們對海德格「事實性的詮釋學」的概念內涵已有
一初步的認識，而此認識將有助於我們接下來對高達美哲學詮
釋學的理解。

第二節　哲學詮釋學對方法論的反思

一、對自然科學方法論的反思

　　1966年高達美撰述〈詮釋學問題的普遍性〉（The Universality of the Hermeneutical Problem）一文，在這篇文章中，高達美由批判審美意識的異化經驗與歷史意識的異化經驗出發，論述近代自然科學及其方法論的影響和侷限性。大抵而言，新方法的建立，首先是由培根（Bacon）提出的歸納法，他著名的格言：「知識即是力量。」說明了在科學時代中知識的重要性，培根且進一步指出，要獲得知識必有賴於正確、有效方法的運用，而這種正確、有效的方法即是歸納法，因為藉由這套經驗的歸納法則，人們將可以排除掉既有的偏見與假象，以致於獲得真正具客觀性和普遍性的知識。另一套與培根的歸納法相對的新方法則是由笛卡兒（Descartes）提出的演繹法，笛卡兒以懷疑論的原則為背景，認為要取得確定知識的方法只有兩種：一是直觀（intuition），一是演繹（deduction）。所謂直觀，就是指「理性對於最簡單之物或最簡單之觀念與判斷的清晰明確的認知。」[22]所謂演繹，就是指「由直觀之知開始，一步一步地推演下去，直到複雜的知識，或不能再推演下去為止；其中每一個環節都有直觀，其最後的結論與第一項同樣確定。」[23]培根的歸納法構成了經驗主義的傳統，笛卡兒的演繹

法則構成了理性主義的傳統，然而，無論是歸納法或者演繹法，二者同樣都是近代知識論（epistemology）的基礎，它們共同的特徵都是建立在主客二分的基礎上，並且，因著這樣一種主客抽象二分的態度，加促了近代自然科學在方法論上的宰控意識，將宇宙自然、人文社會甚而知識本身，都異化成爲人類意識之外而存在的一個客體，所謂的客觀便似乎只能夠來自於被對象化的過程。

　　高達美所要批判的，便是這樣一種方法至上的神話。他認爲：

　　方法論本身並不能夠在任何意義上保證其應用的創造性，相反地，任何生活中的經驗都可以證明，有時應用了方法論卻無法獲致任何成果。這種情形或者發生在將方法應用到並非真正值得認識的事物身上，或是將方法應用到那些還沒有成為以真問題為基礎的研究對象的事物身上。[24]

　　換言之，掌握了方法所進行的，不見得就是有意義的探討，經由方法控制而得出的結果，更不意味著就是眞理。高達美進一步以在先進國家中進行的大型工業研究爲例，他指出這一類的工業研究所採取的多是一種「大型試驗」（seriengrossversuch）的研究方式，他們往往投入大量的資本、設備與人力，進行各式各樣的研究工作，而後懷著僥倖的心態，期望能夠自眾多的研究結果中，發現一些對於某些人們的研究有所助益的資料。既是隨機式的試驗，那就意味著在試驗的過程中，常常會造成資源和人力的不必要浪費，將方法應用

到不見得值得認識的事物身上，研究出來的結果，更不見得具有什麼創造性的意義。我們於是會發現，對於方法的過分依賴與自信，不僅使得其他提問的可能性都被解除，同時更將不當縮減了人文社會的豐富面貌。[25]

二、對人文學科方法論的反思

由於近代自然科學及其方法論的盛行，許多人文學者也極欲建立一套所謂的人文科學。換言之，他們不僅未能夠反思到前述自然科學方法論的侷限性，相反地，他們希望能夠將在自然科學中那套標榜絕對理性、客觀的方法論移植到人文學科中，使得人文學科能夠如同自然科學一般獲得客觀性以及普遍性的基礎，而成爲一門眞正的「科學」[26]。高達美以精神科學（geisteswissenschaften）一詞的發展爲例，指出這一個語詞的出現，是因著約翰・斯圖加特・穆勒（John Staurt Mill, 1806-1873）的著作《邏輯學》中的道德科學（moral science）一詞的德文翻譯而來。穆勒的想法是：「作爲一切經驗科學基礎的歸納方法在精神科學的領域內也是唯一有效的方法。」[27]我們會發現，穆勒的觀點顯然是承襲自英國經驗主義的傳統。以休姆（David Hume）爲例，他認爲一切的觀念皆來自於感覺，故因果原理的基礎不來自於先驗的理性，而是來自於經驗。我們因此可以仿照在自然科學中的歸納法，歸納出人類行爲的統一原則，而後再由此統一的原則中預期出個別的行爲表現，這是最爲客觀也是無所不能成立的方法[28]。狄爾泰（Dilthey）是另一個例子，他雖然不斷致力於重建人文學科相對於自然科學的

獨立性地位，強調後者是與前者「同時並行的另一組研究」
[29]，但卻仍舊採取了科學方法中去前見以求客觀性的做法，將
前見全然等同於自然科學所欲剔除的偏見，只是如此一來，我
們也就同時失去了存有的根源與進一步認知的基礎。摒除掉自
身時代的立場和觀點去看待過去與歷史，將使得歷史的面貌變
的蒼白而缺乏血色，抹煞了人們在不同時代中創造出新意義的
可能性[30]。我們會在這些19世紀的人文學者身上發現，他們是
如何一方面積極地想要建立起人文學科自身的獨立性地位，另
一方面卻又抗拒不了科學方法的強大衝擊，只是正如同高達美
所言：

> 如果我們是以對於規律性的不斷深化的認識為標準去衡量
> 精神科學，那麼我們就無法正確地把握到精神科學的本
> 質，社會──歷史世界的經驗並無法透過自然科學的歸納
> 程序而提昇為科學。[31]

我們將會在接下來的高達美對人文學科審美意識與歷史意
識的批判中看到這一點。

（一）高達美對於審美意識的批判

高達美對於審美意識的批判，主要是針對康德在《第三批
判》[32]中的觀點而來。簡言之，在康德《第一批判》中的世
界，是一個知識的世界，一個自然的，於是不自由的、決定論
式的世界；在《第二批判》中的世界，則是一個道德的世界，
一個有意志的（will）與自由的世界，在這兩個世界中，合理

的無法存在，存在的又不見得合理，於是便有了《第三批判》
的出現，康德以此溝通知識與道德的世界，使能在客觀的世界
中架起主觀的橋樑，且能在主觀的世界中開發出客觀的理性。
「美」成為勾連接舶知性與理性的中介。大抵上，康德認為關
於美的判準有二：一是無目的的目的性（purposiveness without
purpose／合諧性）[33]；一是普遍的有效性（universal
validity）。所謂無目的的目的性對於康德而言，意謂著一種合
諧性，他認為不合諧的產生，是來自於笛卡兒對心物的二元區
分，其使得異質的二者相互對立而無法調和。但是，倘若我們
可以尋出宇宙自然之中的目的性，則我們便能夠感知到存在於
不合諧表象之下的合諧性，隨之而來地，心物與主客之間的衝
突和不協調便可以得到調和。藝術作品在此扮演的是一個中介
的角色，是判斷力之所以產生作用的地方。透過藝術作品的美
感呈現，我們於是得以捉到原先陰闇幽微的目的性。並且，康
德進一步強調：「即便審美的判斷力是起自於主觀的審美標
準，然而其結果卻是普遍地有效。」這說明了美的「普遍可溝
通性」（universal communicability）──亦即普遍的有效性──
凡是真正美的東西，就不會有人認為它不美[34]。康德在此所欲
表達的是：在認知的領域中，主體無法全然自由地進行架構活
動，否則便只是想像，而稱不上是認知；然而，在審美判斷的
領域中，主體所進行的則是一種彷如（as if）認知活動的架構
過程[35]，其可以自由地進行安排（free play），且這種自由的安
排，又不會受制於個別的主體性而有所不同，換言之，審美判
斷的結果是普遍有效的。此外，在認知活動中，其目的是為了

求知、求眞；在審美活動中，則純粹是爲了一種鑑賞的愉悅，因此，又唯有組織、架構等「形式」（form）方能給予我們美的感受[36]。

　　高達美對康德的觀點無法全然認同。首先，康德認爲，由主觀意識出發的審美判斷能夠達到普遍的有效性，藉此說明美感經驗的可溝通性，以及其如何聯繫起主觀與客觀之間的斷裂。高達美認爲，康德強調主體在進行審美判斷時的自主性，這揭示了在審美領域中的主體性精神，使我們在「面對著自然美和藝術美時所體驗到的，是我們的精神力量，亦即我們精神的自由運作的整體復活。」[37]然而另一方面，由個別的主體出發，卻達成了普遍的有效性，這樣的命題潛藏了一種主體的主觀性將過於擴充的危險，這是高達美所反對的[38]。再者，康德認爲，審美活動純粹是爲了追求一種鑑賞的愉悅，因此，唯有「形式」才能引發我們的美感經驗，審美活動既與知識無關，更與道德不直接相涉。然而，高達美卻認爲，藝術確實涉及了知識與眞理的問題，並且，「透過一部藝術作品所經驗到的眞理是用任何其他形式所不能達到的，這一點構成了藝術維護自身而反對以任何科學理由摒棄它的企圖的哲學意義。」[39]康德的主張使得整個經驗世界異化成爲審美意識判斷的對象，藝術失去了其原先對於眞實性的眞切要求，取而代之的，是在審美意識運作下的形式鑑賞。高達美於是說：「在藝術經驗領域裡產生作用的審美主權，相對於我們在藝術陳述的形式中遇到的眞正經驗的現實就表現爲一種異化。」[40]

（二）高達美對於歷史意識與傳統詮釋學意識的批判

高達美說：「異化經驗的第二種模式即是我們所謂的歷史意識──一種逐漸建立的，在接納過去生活的見證物時保持一種自我批判距離的高貴藝術。」41

我們首先可以由歷史主義的發展說起。根據歷史主義的觀點，歷史是人類心靈的產物，而人類世界中的一切種種又都是處於歷史之中，因此，人類的創造活動與歷史之間，便存在著一種相互作用的關係。又由於歷史係人類心靈的產物，人們在不同的時代中會創造出不同的文化面貌與價值觀，因此，歷史不斷變動，而每個時代也都將擁有各自不同的價值體系。歷史主義的困境，就在於其對歷史的過度崇拜與相對主義的價值觀，尤其是後者，既然歷史總是處於不斷的變動過程中，那麼便不會有所謂永恆不變的精神與價值觀的存在；由另一個角度視之，缺乏永恆如常的精神與價值觀，就意味著一切都是變動的與可疑的，人類的生存經驗失去了立定的基點。狄爾泰看到這一點，於是便主張在漫漫的歷史之流中，確實存在著所謂的「客觀精神」，其可以穿透時間距離的隔膜，使存在於現今的人們在面對過去時，能夠獲致一種如同科學般客觀的共同理解。如同前述，高達美認為，狄爾泰雖然不斷致力於重建人文學科相對於自然科學的獨立地位，指出人文學科的知識如同自然科學的知識般具有客觀性與普遍性，然而狄爾泰卻仍不免採用了自然科學方法論對於客觀性的要求，認為為了達成客觀，就必須儘可能地除去既有的前見；然而，對高達美來說，這只是一

種盲目的、未經深刻思考的與缺乏立場的歷史客觀主義，事實上，「構成我們存在的與其說是我們的判斷，不如說是我們的前見。」[42]前見並不等同於偏見，並且，即便在前見之中隱含著偏見的向度，也不能夠因此就否定掉前見作為我們理解與經驗世界的基礎的事實性。對於前見的排除既不必要也不可能，因為承認與接受前見的存在，並不會使我們的認識了無新意而缺乏創造性，而是相反的，「我們是被某種東西所支配，而且正是藉助於這種支配我們的東西，我們才會向新的真實的東西開放。」[43]更何況，就在我們試圖理解過去與歷史的當下，我們早就一腳踩入到歷史之流中，由於過去的巨大視域必然擴及我們現在生活的諸多面向，我們根本不可能無視於過去對於現在甚而未來的種種影響，除去所有前見地進行理解，而又自以為客觀。

　　施萊爾馬赫（Schleiermacher）的「詮釋學科學」（hermeneutical science）是另一個例子。高達美指出施萊爾馬赫思想的起點是：「陌生的經驗和誤解的可能性乃是普遍存在的。」[44]因為這個起點，他於是將詮釋學定義為一門避免誤解的藝術（the art of avoiding misunderstandings），並指出「（詮釋學的）一切任務，都包含在這句否定性（避免誤解）的話裡。」[45]簡言之，施萊爾馬赫認為，詮釋學應當發展成一門獨立的方法論，藉由這套特別的方法，我們於是能夠避免誤解，而後達致真正客觀的理解。然而，高達美的想法卻是：首先，避免誤解便意味著理解嗎？「事實上，每一種誤解不都是以某種『承載的共同一致』（deep common accord）這樣的東西為前提嗎？」[46]

言下之意，在每一回誤解的背後，其實總隱含了某種共同持有
的觀點與理解，理解在某個意義上確實意味著避免誤解，但我
們卻不能夠因此就說避免誤解即是理解。再者，施萊爾馬赫將
詮釋學定義為一門避免誤解、而達致客觀理解的藝術，這使得
詮釋學成為一門避免誤解的技藝學，在高達美看來，這門傳統
的詮釋學科學便只停留在方法論的層面中。然而，詮釋學問題
絕不僅僅是一個方法論的問題，其涉及的毋寧是此有如何經由
溝通而後達成相互理解並進而共同提昇的課題。

　　要之，高達美認為，施萊爾馬赫與狄爾泰觀點的最大問
題，在於他們都在要求客觀性的前提下，主張摒除既有的前
見，將前見等同於在自然科學中所要避免的偏見，如此將自然
科學的方法論硬套到人文學科上的結果，只會使得詮釋學成為
哲學領域中的知識論。因此，高達美說：

> 歷史經驗的整個現實並沒有因為掌握了歷史方法而得到表
> 述。控制我們自己當代的偏見，並從而不去誤解過去的證
> 據，這無疑是一個正確的目標。但這顯然並不是在此要完
> 成的理解過去及其流傳物的整個任務。[47]

　　傳統的詮釋學科學（相對於高達美的哲學詮釋學）使得歷
史經驗的整個實在異化成為歷史意識的反思對象，盲目的歷史
客觀主義使得歷史成為一個處於我們之外的存在。無論是審美
意識的異化經驗，或者歷史意識的異化經驗，其都是因為人文
學科盲目接收自然科學方法論的過程而來，而哲學詮釋學的重
要任務之一，便是要「超越作為審美意識、歷史意識和被限定

為避免誤解之技術的詮釋學意識等的成見，並且克服在這些意
識之中的異化。」[48]

第三節　詮釋學經驗

　　詮釋學經驗是歷史性的經驗，亦是辯證性的經驗，承上所
述，倘若如同高達美所言，自然科學及其方法論所宣稱的真理
性與普全性必須重新接受審視，若干人文研究主張去前見以求
得的客觀性也僅是一種對於我們所處的文化社會非常片段的描
述，則我們究竟又該以何種方式經驗我們所身處的世界？換言
之，當科學及其方法不再萬能，當既定的價值準則遭受質疑，
則我們又當如何重新建立起自身確然存有的基礎？

　　關於此，高達美指出，人們經驗世界的模式是詮釋學的，
原因是我們與自身所在的世界，總是處於一種既熟悉又陌生的
關係中：一方面，我們擁有某些既定的東西，作為我們與世界
的原始聯繫；另一方面，新的、陌生的成分不斷加入，這於是
促使我們不斷進行新的理解活動。換言之，我們即是在不斷的
詮釋與理解活動中，塑造自身的生命圖像。此觀點至少包括了
如下兩種意涵：

　　首先，「理解活動並不是主體諸多行為方式中的一種，而
是存有自身的存在方式。」[49]自然科學及其方法論因著主客抽
象二分的觀點，將認知與理解活動視為是在主體性的基礎上建
構出客觀性知識的過程，然而實際上的情況是：此有的存在本

身即是理解的循環。這也就是為何「詮釋學並非被定義為一套有助於人文科學發展的普遍性規則，而是被定義為說明理解是內在於人類的存有學過程的一種哲學努力。」[50]其次，「在熟悉與陌生的兩極之間正是詮釋學發生作用的地方。」[51]如前所述，我們與自身所在的環境總是處於一種既熟悉又陌生的關係中，這是因著某種形式的距離而形成的熟悉與陌生，或是人與人之間的距離，或是詮釋者與文本之間的距離，然而，無論是何種形式的探距，縱貫其中的是時間上的距離（temporal distance），高達美所言的詮釋學經驗的歷史性與辯證性，即是在這種時間的探距下發生作用。

詮釋學經驗的歷史性是其迥異於自然科學知識的基點。在自然科學的領域中並不存在所謂無法被客觀化的（nonobjectifiable）或者歷史性的經驗向度[52]。然而，高達美指出，我們從來就不可能跳脫到自身的歷史視域之外去進行理解活動，而是相反地，「我們是被某種東西所支配，而且正是藉助於這種支配我們的東西，我們才會向新的、不同的與真實的東西開放。」因之，前見的價值有必要被重新估量，科學及其方法論主張為了達到客觀，就必須儘可能地除去既有的前見，但這在高達美看來，其實只是一種盲目的、未經深刻思考與缺乏立場的客觀主義。

另一方面，詮釋學經驗不僅是歷史性的經驗，也是辯證性的經驗。如同前述，「在陌生與熟悉的兩極間正是詮釋學發生作用的地方」，這就意指了歷史性作為我們經驗的基礎，陌生感與否定性則是使經驗繼續發生的要素。簡言之，一旦我們意

識到自身視域的侷限性，便同時有了開展新的、更寬闊的視域的契機。這意味著人們在經驗當中學習到的，與其說是科學及其方法論所宣稱的那種絕對客觀的知識，不如說經由困頓的經驗，人們意識到自身存有的界限，明白體認其當下的處境，在此意義下，「所謂的經驗即是對於有限性的體驗。」[53]

要之，高達美認為，科學及其方法論實際上並無法抓住人類存有經驗的全貌，人類存有的真實經驗應當是一種詮釋學的經驗，是一個人對其自身歷史性以及有限性的深刻體認。但另一方面，這種「從屬於人類歷史本性中的經驗」[54]並不會制限人們於固有的、既定的視域當中，而是相反地，這種經驗會將人的存有重新置於一種更為開闊的、同時指向了過去與未來的境遇當中，這正是高達美所一再強調的實效歷史的意識本質[55]。而倘若如同高達美所言，歷史不斷發生實效，人們不斷在與歷史流傳物（heritage）遭逢的經驗中理解自身，並籌劃未來，則接下來的問題將是：人的在世存有（being-in-the-word）該是透過何種中介而被理解？導致歷史不斷產生實效的要素又為何？關於此，高達美認為，「經驗是發生在語言性（language）之中。」[56]因此，致使歷史不斷發生實效，作用於人類關於世界以及其自身存有的理解與詮釋的根本要素亦是語言性（linguisticality）。大抵上，我們可以這麼說：語言性是哲學詮釋學開展的基點，亦即是我們實存經驗的基礎。因為語言性，於是克服了時間距離的阻隔，我們承繼傳統又反思傳統；因為語言性，於是有了無限對話的可能，在我們與歷史流傳物的對話中，在與文本的對話中，在與社會上的其他人的對話

中，甚而在與自己的對話中，生命與歷史的輪廓正逐漸成形。

第四節　哲學詮釋學中的語言觀

　　帕瑪（Richard Palmer）曾經說道：「在高達美對於語言的概念中，最根本的一項，乃是他拒絕以符號（sign）理論來標示語言的特性。」[57]這句話直指高達美哲學詮釋學語言觀的核心。高達美認為，由於近代自然科學及其方法論對於客觀和精確的理想性要求，語言逐漸被視為一種用以表述清晰概念的符號，而失去了其原先豐富多樣的生命力；再加上各種意識價值與政治力的運作，語言更淪為一種導控眾人思想的工具，而「這種語言能力的貧瘠與工具化傾向，正是現代語言的悲慘命運，而非語言觀念的完善化。」[58]事實上，語言絕非僅是人們藉以相互溝通的工具，亦非經由主體思維反省而得出的符號產物，而是相反地，語言有其自主的生命力，說是人們運用語言來溝通彼此，不如說我們都在語言當中得到存有的表述與揭露。循著此觀點，哲學詮釋學於是反思近代語言陷入符號化與工具化困境的原由，並且進一步指出，倘若語言不該僅以一種符號表徵的形態存在，則語言的真正存有方式又該為何？茲分述如下：

一、對邏輯陳述的反思——提問的優位性

　　如前所述，高達美認為近代語言發展之所以陷入符號化與

工具化的僵化困境當中，最主要的因素，在於科學及其方法論
總是試圖以一套精確的文字或概念掌握自然世界的種種面向。
在此前提下，世界於是異化成爲主體意識所欲掌控的客體對
象，而語言則異化成爲這種掌控過程中的有利工具，彷彿只要
建構出一套合乎科學理性的語言，則眞理便會在此語言結構中
被呈陳出來。在此，我們必須進一步追問的是：這種存在於科
學及其方法論中關於語言的符號化與工具化傾向究竟由何而
來？關於此，高達美曾經說道：「現代科學只是把希臘科學的
前提——這些前提主要表現在邏各斯陳述和判斷諸概念中——
推向極端而已。」[59]言下之意，存在於近代科學及其方法論中
語言的符號化與工具化傾向其來有自，早在希臘科學的邏輯表
述形式中，就已經開始顯露出一種語言的符號化與工具化傾
向。高達美對傳統邏輯學中陳述句結構的批判，便是在此前提
下展開。

　　大抵而言，邏輯學的創立，是爲了作爲明確、合理表述的
基礎，它主要探討的是陳述句以及其彼此之間的推論關係，並
且，藉由邏輯的推演，導引出具有眞理價值的知識。在此基礎
上對比「陳述」（aussage; assertion）和話語（wort; word）之間
的關係，高達美認爲，所謂的「話語」：

　　是某個人説的，或某個人讓別人對自己説的「話」，是在
　　一定的、明確的生活聯繫中所出現的，其統一性也只有從
　　這種生活聯繫的共同性中才能感受的話……，是透過人類
　　理性的連結，指向人「對存有的渴望」。[60]

　　高達美的這段話包括了如下意涵：首先，話語不同於陳述，其意義的統一性必須在此有共同投入的生活世界中，藉由彼此的交往承認而獲得確立；邏輯陳述則不然，「合於邏輯」與「眞」是不盡相同的兩件事，換言之，所謂合邏輯的陳述，並不需要生活世界的認同與認證，而只需要符合理性原則的推演過程。在此意義下，陳述句似乎只是純粹作爲一種理性、客觀形式的展現，而話語則無法和人類思想（thinking）與言說（saying; speech）的行動相分離。其次，話語意義的統一性必須在共同的生活聯繫中確立，這也說明了在高達美思想中的語言，是一蘊涵了社會與道德意義的存有，而不僅僅是一連串符號或聲幅的組合。依此再看高達美所言：「話語是透過人類理性的結合，指向人對存有的渴望。」此時我們就不難瞭解，高達美所指即是此有在語言的中介中，不斷經由理解活動，證成自身的存在，這就呼應了我們先前所提：語言性作爲哲學詮釋學開展的基點，亦即作爲此有存在經驗的基礎。

　　讓我們再回到陳述句本身。在邏輯結構中的陳述句，其一方面作爲邏輯分析的對象，一方面又在自身展現意義內容的過程中呈現出邏輯性，在此意義下，倘若我們說：亞里斯多德的邏輯學是論述陳述句及其相互之間的推論關係，則我們所謂的邏輯，指的大抵就是一種陳述句的邏輯。高達美對此提出的疑問是：除了陳述句之外，人們尚且存在其他種類的說話方式，例如，驚嘆句、疑問句或者命令句，而這些種類的句子，是否也有可能存在其自身的邏輯性？當然，高達美並非想藉由這樣的提問，來否定邏輯思考的積極意義，更非暗指各種不同形式

的構句，都有其獨立的一套邏輯規則。事實上，他真正想反問的是：是否有這樣一種陳述句存在，而其意義就僅是作為一種邏輯性的表述形式？動機（motivation）因素呢？一個陳述句能否與表述此陳述句的動機因素相分離？關於此，高達美的觀點是：

> 沒有人可以單從把握一個陳述所呈現的內容出發，就能夠把握到此陳述的真理。所有的陳述都受動機所推動，每一個陳述都有其未說出的前提條件，只有意識到這一點的人，才能夠真正衡量某個陳述的真理性。因此我認為，所有陳述之動機的最終邏輯形式即是提問（the question），在邏輯學中占優先地位的並非判斷（judgment）而是提問。[61]

高達美的這段話包括了如下意涵：首先，高達美宣稱：「所有的陳述都受動機推動。」這表示他認為並沒有一個所謂純粹的陳述形式的存在。並且，即便是在自然科學這個一向致力於建構出精確、理性的語言系統的領域當中，也不存在任何一種獨立的語言系統。他以數學為例，指出：「作為一種描述世界的語言，數學只是我們整個語言行為符號系統中的一種，而不是一種獨立的語言。」[62] 的確，假使沒有了與生活世界的語言系統的聯繫，則我們要如何憑空冥想一個 π？如何憑空理解一個無理數？更別提那些個完美的圓與三角形了。其次，高達美說：「每一個陳述都有其未說出的前提條件。」這意味了陳述的涵義內容往往會超越陳述的形式本身。由另一個角度視

之，陳述從來就無法在一種全然孤立的情境下發生，而是相反地，陳述的發生有其背景關聯，例如，陳述的歷史處境。換言之，陳述作為理解活動中的一環，其同樣會受某種既定的因素所影響，在此背景下，邏輯陳述長久以來所代表的絕對客觀性絕對有必要被重新審視。

　　則接下來的問題將是：倘若把握了陳述所呈現的內容，並不保證同時把握到陳述的真理所在，則那隱藏在陳述內容背後的真理，又該以何種方式被揭露出來？此外，高達美說：「所有的陳述都受動機所推動。」此動機所指又為何？依照Hoy的觀點，他認為高達美所言的動機，指的並不必然是一種主體的欲求或本能的反應，而是一種語言性的展現，一種陳述如何在被提問而後進行回答的過程中所展現出的語言性[63]。如前所述，陳述是作為邏輯運作下一種精確、明白的表述形式，然而，一個符合邏輯規則的表述，是否就等同於對某件事物或現象正確、客觀的認知？提問之所以相較於陳述和判斷而更為重要、根本，那是因為一方面，提問作為理解活動的起點，它隱含了人們所欲理解的內容向度；另一方面，因著提問而來的針對此問題的回答，雖然無法使現象或真理成為一個客體般的存有而為我們所攫握，但卻能夠另存有本身在某一個角度下被揭示出來[64]。因此，即便提問也會對答案設定一定的界限，但真正的提問仍舊「預設了一種開放性，這種開放性預設了答案是未知的，但也因此其必須同時仔細檢視自身的界限所在。」[65]
在此，我們再度看到詮釋學經驗中辯證性所代表的積極意義，倘若說存在經驗是對有限性的體驗，同樣地，每一次的提問與

回答，也都是對我們所未知者有了更深入的理解。

　　要之，高達美認為，邏輯陳述所代表的是一種對象化的認知方式，這種認知方式影響了近代自然科學及其方法論的發展，將語言視為世界的翻印符號。然而實際上，語言應該是一具有文化與道德意涵的存有，其運作的過程，顯示了文化傳統流動的歷程，在此意義下，提問於是遠較陳述或判斷更為重要，原因是：提問的過程將刺激陳述以不同的面貌不斷出現，而在不同陳述的擇取之間，則隱含了文化傳統影響的痕跡，此有的存在經驗只能在此其中被揭露出來。

二、語言的真正存有方式

　　承上所述，高達美認為，既然陳述不可能在一種全然孤立的情境下發生，這說明我們無法視語言為一種純然邏輯性的表述形式，我們必須以另一種「偶緣性」的表述形式來認識語言。「所謂『偶緣性的』表述，其特徵是：它不像其他表達方式那樣把其涵義完全包含在自身中。」[66]換言之，偶緣性的表述形式會將進行表述時的情境一併包含在其試圖表述的意義內容中。這就如同我們在不同情境下脫口說出的「天啊！」同一個語詞，卻有著不同的意涵。由此我們會發現，「語言是從屬於處境的某物。」[67]語言並不從屬於人，它會在不同的情境下開發出當下適當且獨特的意義。因此，不是人們創造了語言，而是人們去學習語言，用高達美自己的話說：「語言恰恰不取決於使用它的人，……正是語言本身規定了什麼叫語言的使用。」並且，正因為語言是從屬於情境的某物，而非單一孤立

的表述符號，這就意味著沒有一個所謂獨立存在的語詞，而是語詞彼此之間的連結形成了各自意義的基礎。這其實也就是先前所說的：語詞意義的統一性，只能在共同生活的聯繫中被確立。語詞的交往使用，指的便是語言的社會存有與道德存有的意涵，倘若沒了這兩層意義，則就只剩下一堆內容空洞而毫無意義的印記。

　　只是我們也必須進一步追問：倘若語言是「從屬於處境的某物」，那是否意味著語詞總是不具有確定的涵義內容？關於這一點，高達美認為事實正好相反，語言的基礎就在於語詞總是具有確定的涵義內容，然而這種確定的涵義卻不意味著單義。簡言之，語詞在表述的過程中，具有一種「擺動的涵義範圍」[68]而這種擺動的涵義範圍，即來自於表述的過程中對情境和時機的融合。一個語詞會循著文本的主旨系統與上下文的關聯性，而自原先擺動的意義中逐漸固定下來，但這並不意味著固定下來的意義會使得語詞失去先前豐富的意義內涵；並且，正因為語詞總是具有一種擺動的涵義範圍，這就開啓了對話（dialogue）無限延伸的可能性，高達美主張一切的理解過程都是一種語言現象，以及語言揭露世界的觀點，都必須在此意義下得到開展。

三、語言與理解

　　「一切的理解過程都是一種語言現象」，承上所述，由於語詞總是具有一種擺動的涵義範圍，這便開啓了對話無限延伸的可能性。高達美曾說：「講話是在談話的要素中發生的。」[69]

此要素指的便是因著語詞的多重意義而引發的持續對話的可能性。並且，此持續對話的可能性也間接說明了相互交談的眞意：不是各說各話或堅持己見，更不是試圖去改變對方已有的觀念或思想，而是在對話的過程中，逐漸形成共同一致的世界定向：

> 一種成功的談話就在於：人們不會再回到引起談話的不一致狀態，而是達到了共同性（gemeinsamkeit）。這種共同性是如此的共同，以致於它不再是我的意見或你的意見，而是對世界的共同解釋，正是這種共同性，才使道德的統一性和社會的統一性成為可能。[70]

循著這一層意義，我們會發現，人們總是以語言模式來建構世界、理解世界、交流彼此對於世界的建構與理解，並且更重要的是：在這當中理解此有自身的存有。這也就是爲何高達美主張一切的理解過程都是一種語言現象，因爲思維是語言，言說是語言，此有的存有當然也必須在語言之中得到表現。由此，相互理解的達致，只能在語言當中進行，即便是在有聲有形的文字之外的理解也是如此。甚而，「（在某些例子中）恰好是默然的、無言的理解，才表現爲最高、最內在的理解方式。」[71]高達美以「默契」（stilles einverstandnis）爲例，指出「默契」雖然是一種不同於言說的語言現象，但其同樣進行著一種彷如藉由言說交談而達致共識的理解活動。這一方面說明了理解活動作爲一種語言現象，其絕不僅限於有聲有形的符號與聲幅的情況中；另一方面，也應證了高達美所始終強調的：

語言不該僅被圍限在符號工具的意義下。此外，默契的例子更指陳出理解活動之所以進行的前提或契機：語言的失靈以及達成一致理解的障礙。高達美說：

> 語言的失靈證明語言為一切事物找尋表達的能力，……而這恰好說明某人啞然無言也是一種說話方式，這種說話方式人們不是用來結束他的講話，而是開始講話。[72]

高達美認為，近代自然科學及其方法論的盛行，已經連帶影響了人們對於理解活動的觀點，將理解視為對誤解與陌生性的排除，似乎因為先有了誤解與陌生性的存在，於是便有了達成一致理解的障礙。然而實際情況正好相反，「我們應該承認：一致先於誤解，因為理解總是一再回歸到重新產生的一致。」[73]上述這段話透露出高達美關於理解過程的辯證性的觀點：對話者之間視域的不一致甚而衝突是理解活動進行的起點，然而對話的過程並非對話中的某一方壓倒另一方過程，而是藉由對話的進行檢證自身原初的視域內容，而後致使原本歧異的雙方共同提升到另一層面的共識——亦即高達美所稱的視域交融（fusion of horizons）的情境中，然而，這種視域交融的共同性又不是一種終極的同一，而只是階段性的交融，故而，新的理解將以此階段的同一為基礎，進行下一階段的理解活動。這說明了理解活動總是在相互對話的過程中不斷進行，換言之，理解活動基本上即是一種語言現象，「能被理解的即是語言。」[74]

四、語言揭露存有與世界

　　倘若如同高達美所言，一切的理解過程都是一種語言現象，又人們總是在詮釋與理解的活動中經驗世界、塑造世界、進而理解並成就自身的存有，則世界與人之存有，便都必須在語言性（linguisticality）當中得到開展。這也就是高達美所主張的：擁有世界的同時即是擁有語言[75]。在高達美的觀點中，語言作爲揭示與表述世界現象的意義，遠勝於其作爲一種符號的意義，這裡的世界尤其指的是人類文化活動的世界，而非宇宙或自然界。語言作爲這樣一個世界的揭示與表述中介，其便自然地與理解活動連結在一起。高達美說：

> 當我們面對的……是我們的全部生活經驗，我認為我們這才算是成功地把科學的經驗加入到我們自身的、普遍的和人類的生活經驗中。因為現在我們已經達到了我們可以稱為（就像約翰那斯・洛曼所稱）「語言的世界構成」的基本層次，這種基本層次就是預先規定了我們一切認識的可能性的實效歷史意識。[76]

　　簡言之，高達美認爲，語言所揭示與表述的世界，是一個由我們的文化活動所構成，並且我們也正生活於其中的世界。在這個世界中，人類的文化活動以種種不同的形式——如文本與歷史流傳物——呈現出來，而語言對這些文本與歷史流傳物的揭示和表述，即是將存在於實效歷史中的眞理意義呈現出來。語言之所以不該僅被圍限在符號的意涵中，其原因就在

於：語言的揭示作用意味著在人類的文化社會中，潛藏著某些
普遍共享的東西，而藉由語言的交流（對話），這些東西將有
機會被呈現出來。換言之，在每一套語言系統的背後，其實都
立處著龐大的歷史與文化淵源，經由語言的中介，過往的傳統
將持續對當下，甚而未來產生影響，這也就是高達美所說的歷
史的實效作用。至於真正的對話本質，就在於「涵義總是會超
出所說出的話語。」[77]不同語詞的變化組合與表述方式的出現
絕非偶然，而是相反地，隱含著某種目的性於其中，這種目的
性在高達美看來，正是我們關於世界的整個人類經驗的真正實
現方式。此外，語言作為人們經驗世界，以及世界向我們展示
的一種可理解形式，學習以語言來表述的過程，其實也正是一
種充滿創造性的過程。並且，由於表述的方式具有無限多的可
能性，這也就說明了語言本身的無限性。由表面上看來，這種
語言的無限性，似乎正好反映了此有的有限性，然而高達美卻
認為：

> 正是透過我們的有限性，我們存有的特殊性──即便這一
> 點在語言的繁多性中也表現的很明顯──才在我們所有的
> 真理方向上開闢了無限的對話。[78]

由此，我們也可以看出為何高達美要一再批判一種語言的
符號化與工具化傾向，因為習慣於將語言視為我們進行認知的
工具，表現出的是一種語言詞彙的枯竭，反映出的則是我們內
在心靈疆土的縮水。我們當然不能否定科學語言有其積極且必
要的存在價值，然而，卻也必須意識到：一種合乎科學理性的

語言表述，只是人類整個語言系統中的一環，我們無論如何不能以偏概全地試圖以這樣一種語言形式來總攝此有的完整經驗，眞正的說話應該要如同高達美所說的：「就是要說出一點東西，而不是給出預定的信號，是要尋找一些藉此能夠與他者相聯繫的語詞，這就是普遍的人類任務。」[79]

第五節　實效歷史原則

在先前的論述中，我們曾經提到，此有存有的經驗是一種詮釋學的經驗，亦即我們總是在不斷的理解與詮釋過程中成就自身的生命圖像，因此，「理解活動並不是主體諸多行爲方式中的一種，而是存有自身的存在方式。」然而，欲進行理解與詮釋的活動，必有賴於語言的中介，其原因就在於：此有進行存在活動的場域並非宇宙或自然界，而是一個由不同的傳統或歷史流傳物堆疊衍生而出的文化世界，每一套不同的語言系統背後，都立處著龐大的歷史與文化淵源，透過語言的表述與中介，一方面得以呈現出其背後所潛藏的時代意義或價值觀；另一方面，則令過往的傳統繼續對我們當下的存有甚而未來形成影響。總言之，經由語言的中介，我們在歷史的實效作用下，不斷進行著詮釋與理解的活動，構作自身的存有，亦構作屬於這一時代的歷史面貌與意義。由另一角度視之，正是歷史的實效作用，使得此有的理解內容與過程不致於成爲零散碎裂的片段，換句話說，與其說歷史的實效作用是一種「傳統的束

縛」，不如正視它對於此有存有的完整性的積極意義。因此，在這一節中，我們將把焦點擺在哲學詮釋學中的實效歷史原則上，探討歷史之所以產生其實效的緣由，以及說明我們理解活動的基礎並不來自於外在的宇宙或自然界，亦不來自於所謂理性主體反思之後的結果，而是來自於我們自身對於歷史和傳統的承繼。

一、海德格對理解的前結構的揭示

在本章第一節中，我們曾經針對海德格「事實性的詮釋學」的觀點加以探討，並指出海德格「事實性的詮釋學」的提出至少具有兩層重要的意涵：一方面，其標示了現象學在海德格手中轉向詮釋學的向度，成為所謂的「詮釋現象學」；另一方面，則說明了此有作為一有限的、歷史性的存有，必須以實際的生活經驗為基礎，於時間之流中，經由不斷的理解過程逐漸成就自身。上述兩項意涵中的第二項，尤其影響了後來高達美在《真理與方法》一書中的理論開展。

大抵而言，「事實性的詮釋學」揭示出的重點是：實際生活先於理論反思。我們至少可以從兩個面向來理解這一點：首先，這說明了「事實性的詮釋學」的實踐向度。如同我們在第一節中所言，由於此有的存在經驗同時涵括了「行」（umgehen）與「知」（auskennen）的向度，因此，一切的理論探究，都必須以實際的生活經驗為起點，而理論架構的堆疊累進亦即是一段永不止息的關於此有的生命的詮釋歷程。生活的實在無論如何無法僅以一種抽象的或理論反思的方式加以攫握，而是必須

置身其中，深刻投入。正是由於這一點，詮釋學於是得以脫離其傳統作為宗教的解經學或理解的技藝學的方法論層面，而成為使得存有重新確立其自身的歷程。反過來說，「實際生活先於理論反思」亦同時揭示了：我們總是先有了存在的事實性（此有的被拋擲性）與存在活動的進行，而後又在這存在活動當中，一次次地詮釋並理解自身的存有（此有的籌劃性），如同Risser所言：「『我在』在存在的活動中。」（"'here I am' within the act of existing"）[80]由此，所謂的「知」，指的便是在我們「已在」（I already am）的基礎上進行詮釋的過程，而非某次靈光乍現的概念把握。這種在某個既定的基礎上進行知的活動──亦即進行理解與詮釋活動的處境，海德格稱之為「詮釋學處境」（hermeneutical situation）[81]。1921至1922年期間，在「對亞里斯多德的現象學詮釋」的課堂上，海德格就嘗試以「持有」（haben）的概念來說明這種詮釋學處境。

簡言之，海德格認為，一切關於存有或事物的探尋，都預先取決於我們對於周遭事物的理解和所採取的態度──亦即：都事先被我們「持有」事物的方式或態度所決定。以海德格自己的話來說：「任何的詢問（inquiry）都是一種探尋（seeking），任何的探尋都事先被其所欲探尋的事物所引導。」[82]換言之，我們對於周遭事物的持有或把握──亦即：我們對於某一對象的某種程度的理解和所採取的態度──構成了我們每一回理解與詮釋的基礎。在此意義下，所謂的「詮釋學處境」，即意指我們進行每一回的理解與詮釋活動時所立的基礎。因此，「詮釋學處境」一方面指陳出我們進行理解與詮釋

活動時的實際情境——我們總是在有所背景的前提下進行理解
與詮釋；另一方面，則是說明了我們理解與詮釋的基礎在於實
際的生活經驗——我們對於周遭事物所預先採取的態度和觀
點。綜合上述兩點，則又應證了海德格所強調的，絕不可能有
一個脫離實際生活經驗的反思理論的出現，這就如同吃了一頓
沒有任何食物的飯，但卻又撐到胃痛一樣荒謬！

　　我們其實還可以藉由海德格後來提出的「理解的前結構」
（fore-structure understanding）來進一步說明這種「詮釋學處
境」。簡言之，海德格的想法是：早在我們有意識地對某個文
本或對象進行詮釋與意義的理解前，我們就已經將該文本或對
象置入某個意義脈絡當中（vorhabe／前有）；而在詮釋該文本
或對象的過程中，又會涉及我們對於某些觀點的擇取或目標的
訂立（vorsicht／前見）；最後，在最直接反應的情況下，擇定
觀點或立定目標（vorgriff／前把握）。前有、前見與前把握三
者的不斷循環，說明了在我們進行理解與詮釋活動前，總會對
文本或事物對象給出一種預先的籌劃——亦即：帶著某個特殊
意義的期待（與詮釋者本身的處境相關者）去理解或詮釋該文
本和事物對象。因此，高達美說：「誰想要理解某個文本，誰
就總是在完成一種籌劃。」[83]但另一方面，這種意義的預先籌
劃僅僅說明了我們理解與詮釋活動的基礎，而非意謂著詮釋或
理解的可任意性，原因是，「理解的持續不斷的任務，就是要
作出符合事物本身的籌劃。」[84]換言之，籌劃的內容會隨著理
解過程的循環增減更迭，當初預期的意義，必須在後來的文本
或事物本身當中得到應證。我們會發現，在海德格的思想中，

假使一定要採用「主體」這樣一個語詞來說明的話，則文本似乎已經超越了詮釋者或作者的意圖，而成為理解和詮釋過程中的真正主體。相近的立場，將會在高達美的觀點中繼續出現。

二、前見作為理解的基礎

依照啟蒙的劃分，前見（prejudice; vorurteil）可以區分為由於權威而來的前見，以及由於輕率而來的前見[85]。前者意謂著在傳統或某種權威意識的作用下，理性無法真正發揮其作用；後者則意謂著在一種未充分反思的情況下，理性被予以任意地採用。但無論是由於權威或者由於輕率而來的前見，前見都只具有一種貶斥的意涵——造成理性無法真正運作的偏頗禍源。因著這樣一種理性與前見之間的抽象反命題，啟蒙時期的理解觀將焦點著重在對於文本作者意圖的重新還原上。換言之，真正的理解就是要儘可能地除去一切前見，無偏見地自由地考察文本作者的原初意圖。施萊爾馬赫的觀點是個顯著的例子，他認為陌生性的經驗和誤解的可能性乃是一種普遍的現象，因此理解是一項必須時刻進行的活動。並且，由於陌生性的經驗與誤解的可能性不只會發生在陌生的語言或以文字書寫的文本當中，因此，應當被理解的東西，除了文本的原文和它的客觀意義之外，還必須同時包括了作者的個性和創作文本時的原初意圖。然而，在時間或陌生文字的阻隔下，我們又要採取何種進路來理解作者的個性與原初意圖呢？關於此，施萊爾馬赫主張，由於「一切個性都是普遍生命的表現」[86]換言之，處在現下的我們和處於過去的作者，同時分享著悠悠時間中的

某種客觀性，因此，我們可以將自己置身於作者的創作過程中，藉由一種模仿的創作，理解出作者的原初意圖，這也就是所謂的預感行為（a divinatory process）[87]。

高達美對於啟蒙時期的前見立場以及因之而來的理解觀並不認同。如同我們在本章第二節中提到的，他認為，在文本或藝術作品當中確實蘊含著真理性，並且，甚至「有時透過一部藝術作品所經驗到的真理，是用任何其他方式所不能達到的」。啟蒙將理解的重點鎖定在對藝術作品或文本作者的原初意圖的還原上，這毋寧是一種失焦的做法。並且，

> 「『理解首先指相互理解』。理解首先是彼此相互一致（einverstandnis）。所以，人們大多是直接地相互理解，也就是說，他們相互理解直到取得相互一致為止。」[88]

高達美的這一段話並不是要把已過逝的作者自墳墓中拉起，與現下的詮釋者進行交流談話，而是強調在理解的過程中，投入參與的重要性。真正的投入或參與，並不是如同施萊爾馬赫所說的那樣將自己置身在作者的創作過程中，因為這樣的置身方式既不可能，也不必要。高達美認為，啟蒙的最大問題，在於其忽視了理解的處境（situatedness of understanding），亦即：啟蒙忽視了在理解的過程中，詮釋者自身的志趣以及其時代背景的作用，倘若硬是要摒除掉這一切種種，則詮釋者便只能夠活在原初作者的意圖世界裡，甚至連自身的存在根基都不復見。再者，倘若還原了作者原初意圖的本身即是理解的終極目標，而不去論其文本在我們時代中與我們

的互動和所產生的影響作用，則去探究作者原初意圖的意義又何在？因之，我們於是有必要對前見的存在價值與以重新的估量，畢竟，即便前見在某些情形下確實表現爲一種阻礙眞正理解的偏見，但我們卻不能因此而否定了前見作爲我們理解與詮釋基礎的事實性。詳言之，高達美認爲我們之所以必要爲前見正名的理由包括以下幾點：

首先，如同海德格對於理解的前結構的揭示，在理解活動中，總是包含了某種我們預先籌劃的意義，亦即我們總是會帶著某種特殊意義的期待去理解文本藝術作品或歷史事件，如同高達美所說：

> 誰想要理解某個文本，誰就總是在完成一種籌劃。當某個最初的意義在文本中出現了，則詮釋者就為整個文本籌劃了某種意義。一種這樣最初的意義之所以出現，只是因為我們帶著某種特殊意義的期待去讀文本。[89]

然而另一方面，這種預先給出的意義籌劃，並非意味著我們可以就從此自由自在甚而任意地對文本作品或歷史事件進行詮釋或理解，原因是：

> 誰試圖去理解，誰就面臨了那種並非由事情本身而來的見解（vor-meinungen）。而理解的持續不斷的任務，就是要作出符合事物本身的籌劃。[90]

舉例而言，我們可以說政治人物愛作秀，但這不表示政治

人物都是藝人。換言之，前見在此意義下，就只是個在具體事
證尚未出現前的判斷或見解，其有可能是個與事物本身事實不
相符的存在，而在理解的循環過程中被排除掉；但無論如何，
作為我們進入文本意義脈絡中的起點，這樣一種意義的預先籌
劃仍是不可或缺的。

　　其次，上述關於理解的預期意義的籌劃，是因著詮釋者的
理解的境遇性——亦即詮釋者自身的志趣以及其時代背景的作
用——而來。舉例而言，我們可能會以佛洛伊德心理分析的觀
點，去試圖理解莎翁筆下人物的生命歷程，即便在莎翁創作的
過程中，心理學的理論分析並不是他所欲應證的重點。依此，
則實際上我們永遠不可能形成任何全然中立（neutral）的觀點
來進行理解與詮釋的活動。原因是，所有的理解過程都涉及了
一種意義的預先籌劃，而這種意義的預先籌劃又來自於詮釋者
自身所處詮釋學處境，並且更重要的是，這種詮釋學處境時常
超越了可觀察的事實的面向，以致於我們總是忽略了其存在，
而又自以為客觀中立。

　　最後，海德格事實性的詮釋學指出，此有存有的問題不能
脫離實際的生活經驗——尤其是實際生活的歷史境遇來探討，
高達美則更直接指出：無論是我們自身，或是我們所面臨的理
解和詮釋的議題以及因之而來的觀點，皆是從屬於歷史的存
有。如同Warnke所說：

　　　經由被拋的處境，我們理解一件藝術作品或歷史事件的過
　　　程，並不是未被決定的或任意的過程；而是，我們的理解

是來自於事件或作品先前被理解的基礎，並因此，理解是根基於歷史與詮釋的傳統發展。[91]

換言之，被拋在此即意謂著我們總是在有所基礎或背景的前提下進行理解與詮釋活動，而不可能有一個憑空冒出的議題或觀點的現身。這就說明了前見並非我們個人獨自的產物，而是在歷史行進的過程中，前人、前時代與今人（包括我自身）、當代共同致力下的結果。另一方面，理解的有所基礎，也就同時意味了理解的無法任意而行，因爲即便理解的出發點是在個人某種預期意義的籌劃，但這並不代表理解就只會是一種主觀的意見給出與詮釋，因爲前見的產生並非憑空而來，其出現僅僅說明了我們理解與詮釋的基礎，正在於我們自身對歷史與傳統的承繼。

三、實效歷史意識的反思作用

先前我們曾經提到，高達美主張歷史傳統是我們進行理解活動以成就自身生命圖像的基點，爲了進一步說明這個觀點，高達美於是認爲吾人實有必要將前見的價值加以重新估量。簡言之，高達美認爲人之存有的經驗是一種詮釋學的經驗，其同時包含了歷史性與辯證性，因此，我們總是在有所背景的前提下進行認知或理解活動，前見的存在不僅必然而且必要，也因此，前見應當同時具有正反兩面的價值意涵[92]。換言之，前見並不必然是種偏見，並且即便前見在某些狀況下表現爲偏見，我們也不能因此就全然否定前見作爲我們認識基礎的事實。一

般的權威概念也是如此，故而，有時當人們闡明了某些成見，
這也可以被視為是承認權威存在的表現[93]。上述觀點之所以能
夠成立，那是因為高達美始終堅信，人對於歷史和傳統的理
解，指的並非僅是對某一歷史事件採取某一種看待立場，或對
傳統中的某一種價值觀點採取贊成或反對的態度，而是如同海
德格在《存有與時間》當中所主張的，因著與當下的採距，歷
史具有某種反思的活動於其中。一方面，我們繼承歷史的流傳
物作為存有的底基，另一方面，我們也對這些歷史流傳物的時
宜性加以審視，進而或擲或取，重新籌劃自身的未來[94]。換言
之，我們對傳統的理解應該同時抱持著肯定與否定的態度：肯
定之處，表現為海德格對理解的前結構的揭櫫，或高達美所強
調的前見必然且必要的存在；否定之處，則正是高達美所指稱
的實效歷史意識（effective historical consciousness）所進行的
反思作用，因此高達美說：

> 所謂與傳統之間的聯繫（connection to tradition）指的是：
> 對傳統的理解是無法因著對流傳物的承繼而被窮盡的。這
> 意味著傳統無法僅被視為一種歷史意識，故而，對於既定
> 處境的改變而非維護，有時更能表現出與傳統之間的聯繫
> 關係。傳統總是處於不斷的變革過程中。[95]

「傳統總是處於不斷的變革過程中」，這正是實效歷史意識
進行反思作用的明證。簡言之，高達美的實效歷史原則指的是
歷史的巨大視域（horizon）擴及我們當下存有的諸多面向，因
此，我們從來就不可能完全跳脫到自身視域之外去進行理解活

動。換言之，理解活動必然以前見的作用為前提基礎。然而另一方面，因著時間上的距離，歷史於是具有一種激濁揚清的作用，不適當的前見將被反思出局，原初的視域內容會有所變動，範域也會漸形擴大，而這便是高達美所說的實效歷史意識的反思作用。

註釋

1.參見James Risser, *Hermeneutics and the Voice of The Other: Rereading Gadamer's Philosophical Hermeneutics*（New York: State of University of New York Press, 1997）, p.41.

2.Ibid., p. 43.本段Risser引述的文字是出自於高達美作品的德文版合集（*Gesammelte Werke*, Tubingen: J. C. B. Mohr, 1985-1994）第三冊，頁422。本書以下一律縮寫爲GW／冊數／頁數。

3.Ibid., p.41.

4.此段文字是出自Risser在*Hermeneutics and the Voice of The Other*一書中節錄海德格的引文，其註曰： See "Phenomenological Interpretation with Respect to Aristotle: Indication of the Hermeneutical Situation," p. 361.因筆者未找到註中該書，故暫提出Risser的原註。

5.Ibid., p. 43.

6.Ibid. Risser在此加註說明：關於海德格該堂課程內容的文本及至本書出版爲止尚未出現，不過，在*The Genesis of Heidegger's Being and Time*一書中的第238-248頁中則有相關的論述，而Risser關於海德格該部分的探討即來自於該書中的翻譯與觀點。原文分別是："all men by nature desire to know"以及"the urge to live in seeing, the absorption in the visible, is constitutive of how the human being is." 參見Kisiel, *The Genesis of Heidegger's Being and Time* (University of California Press, 1993)

7.Risser, *Hermeneutics and the Voice of The Other*, p. 43.Risser說：「一

般而言，理論探究的重點在於作為一種關於人們生命的內容以及如何成就自身的歷程的詮釋過程。」

8.Ibid., p. 44.

9.參見Aristotle, *Metaphysics*, translated by Hugh Tredennick（Harvard University Press, 1936）James認為即便亞里斯多德提出「緩頓」的概念，但其仍舊主張哲學是為著純知的目的而進行，海德格針對亞里斯多德的「緩頓」概念加以詮釋並延伸其意涵，換言之，海德格所說的緩頓實際上已不同於亞里斯多德的原初概念內容。

10.Risser, *Hermeneutics and the Voice of The Other*, pp. 43-44.

11.Ibid., p. 45.海德格在《存有與時間》第七節中，藉由「現象學」（phenomenology）一字的希臘字根來說明現象學的方法概念，以及現象學與詮釋學之間的關聯。簡言之，「現象學」一字即意味著：讓那些顯現自身者得以在自身當中以顯現自身的方式為人所知。相關探討還可以參見張鼎國老師所撰〈海德格、高達美與希臘人〉一文，收錄於《哲學雜誌》第21期，頁98-125。

12.Martin Heidegger, *Being and Time*, translated by John Macquarrie and Edward Robinson（Oxford: Blackwell, 1962）, p. 19.

13.Ibid., pp. 22-23.

14.Risser, *Hermeneutics and the Voice of The Other*, p. 44.另海德格也曾說：「基礎存有學（fundamental ontology）……必須在對此有的存在分析（existential analytic of Dasein）中被追尋。」參見*Being and Time*, p. 34.

15.*Being and Time*, p. 19.在此，海德格其實是想藉助這一段引文來說明：我們總以為自己知道存有是什麼，甚而動不動就把存有掛在

嘴邊誑說，但實際上我們對於存有卻是幾近於無知。

16.Ibid., p.21.

17.Jonathan Rée, *Heidegger: History and Truth in Being and Time*（Phoenix, 1998）, p. 4.本書亦有中譯本，由蔡偉鼎所譯，麥田出版，城邦文化發行。此段譯文即爲參考蔡偉鼎之作。Jonathan在此且舉了個例子，他説，就像我們小時後用死背的方式記下詩詞或祈禱文的情況一樣，我們可以隨時對其內容琅琅上口，但是卻對其意涵一無所知。關於「存有的意義」的探討也是如此，由於我們太常將「存有的意義」擺在課文、週記或作文簿裡，以致於「存有的意義」的問題變得如此乏味與稀鬆常見，我們其實已經遠離了這樣的探詢許久、許久了。

18.Ibid., p. 5.

19.Martin *Heidegger, Sein und Zeit*, 7th ed., （Tubingen: Max Niemeyer, 1973）, p. 37.

20.Risser, *Hermeneutics and the Voice of The Other*, p. 47.關於這一點，高達美亦曾經說道：「事實性意味著我沒有辦法加以選擇的某物。因此我們的存有無關乎我們的自由選擇，而僅僅是一個事實。」（Facticity-this emphatic word means something that I am not capable of being chosen. So our 'existence' is not a matter of our free choices, but simply is a fact.）參見*A Ricoeur's Reader: Reflection and Imagination*, edited by Valdes, M.J., Toronto and Buffalo（University of Toronto Press, 1991）, p. 219.

21.海德格曾説：「此有就是既沉淪又開啓，既被抛又籌劃的在世存有（Being-in-the-world）」, from *Being and Time*, p.225.另高達美也

曾說：「正是我們的存有的事實性——海德格稱之為『被拋擲性』
（thrownness; geworfenheit）的不可照亮的隱晦性，支持了此有的
『籌劃性』（project character），而不僅僅是給它設定界限。」參見
H-G Gadamer, The Heritage of Hegel（ *Reason in the Age of
Science* ）, translated by Frederick G. Lawrence（MIT Press,
Cambridge／London, 1982）, p. 41.換言之，關於此有的存有的詮
釋與理解，便是在不斷地被拋與籌劃之間的循環中進行。

22.參見孫振青著，《笛卡兒》（台北：東大出版，1990），頁10。

23.同上，頁11。

24.H-G Gadamer, "The Universality of the Hermeneutical Problem",
from *Contemporary Hermeneutics: Hermeneutics as Method,
Philosophy, and Critique*, by Josef Bleicher（Routledge & Kegan Paul
Ltd., 1980）, p.135.

25.Ibid.高達美說：「科學總是處於方法論抽象的限制條件中，而現
代科學的勝利有賴於如下事實，亦即其他提問的可能性都被這種
抽象所解消。」高達美所言的「抽象」，意指人們將所欲理解者自
其原先完整的存有意義中異化而出，成為一個接受人們意識反思
的客體，在此態度下，所謂自然的和諧或韻律與四方體的六個面
之間實際上已不存在任何的差異。

26.高達美在《真理與方法》一書中，一開頭就說：「隨同19世紀精
神科學發展而來的精神科學邏輯上的自我思考完全受到自然科學
的模式所支配。」參見H-G Gadamer, *Truth and Method*, translated
by Joel Weinsheimer and Donald G. Marshall（Bookman Books Ltd.,
1995）, p.3. "（A）The Problem of Method."

27.Ibid., p. 3-4.

28.高達美且另舉了赫爾曼‧赫爾姆霍次（Hermann Helmhottz）的例子，其為19世紀的自然科學家，強調歸納方法是科學方法中的典範。赫爾曼雖然有意識到在文化世界中的經驗，不同於在自然科學研究領域中的經驗，但他仍舊強調邏輯方法即是科學方法。

29.參見狄爾泰撰，李家沂譯，〈人文研究〉一文，出自Jeffery C. Alexander, Steven Seidman主編，吳潛誠總編校，《文化與社會》（台北：立緒文化事業有限公司，1997）。狄爾泰在這篇文章中說道：「與科學並行的有另外一組研究，因探討生命這個共通的主題而出現。這些包含了對歷史、經濟、法律、政治，以及宗教、文學、詩、建築等的研究，另外也涵蓋了哲學的世界觀和系統，還有心理學。這些研究都指向『人』這個偉大的事實。」

30.為前見（prejudice／Vorurteil）正名是哲學詮釋學的重要工作之一。高達美認為，前見的存在應該同時具有正反兩面的價值意涵，而不該僅是種偏見的代稱。最直接的理由是：「在啓蒙的理性觀點下被視之為偏見的前見，其實是即是歷史實在（historical reality）的本身。」故而，倘若我們要對自身有限的歷史存有作出公正的詮釋與理解，則我們就必須正視到前見的積極意義。他指出：「就字面意義來講，前見構成了我們整個經驗能力的原初指向。」是我們進入世界的先入之見。《眞理與方法》一書的中譯者洪漢鼎先生在此加註道：「前見一辭的德文是Vorurteil，即先於判斷（Urteil）之前（vor）的東西。」上述所言，參見*Truth and Method*, p. 277.以及中譯本《眞理與方法‧第二卷》，頁245。另外，關於哲學詮釋學為前見與傳統正名的部分，本書將於該章

第三節「實效歷史原則」中繼續探討。

31.Ibid., p.4.言下之意,精神科學並不會在掌握了自然科學的方法之後,便一躍而成為另一套立於不敗之地的「科學」。相反地,將自然科學中的方法論生搬硬套到精神科學上的結果,反而會使得精神科學的發展遭遇如同自然科一般的異化經驗。

32.在這一部分中,筆者對於康德觀點的引述,是參照自*Kant's Critique of Judgement*, translated with introduction and notes by J.H. Bernard(Macmillan And Co., Ltd.),1914, pp. 45-100.關於康德諸多觀點的闡述與理解,大抵都是得自於蔡美麗老師在現代性探索的課堂上,領著同學們逐句仔細推敲講解而來,而這本書便是當時我們上課時所採用的文本。

33.康德之所以強調這種目的性是「無目的的」,就在於他認為美的判準必須要排除掉所有主觀或是客觀的目的性。換句話說,無論是主觀的快感或是客觀的知性內容都無法作為美的判準。

34.*Kant's Critique of Judgment*, p. 60.與p. 65.中都有相關的論述。康德說:「具有普遍客觀性的判斷也總是主觀地有效。」(A judgement with objective universal validity is also valid subjectively.)

35.Ibid., p. 65.

36.Ibid., p. 73.

37.*GW3 / 254.*

38.*GW3 / 245.*關於此,高達美說:「將美學植基於情感力量的主觀性當中,意味著一種危險的主觀化的開端。」

39. *Truth and Method*, xxiii.

40. "The Universality of the Hermeneutical Problem", *Contemporary*

Hermeneutics, p. 129.此處的譯文是參照《真理與方法‧第二卷》中譯本收錄的〈詮釋學問題的普遍性〉一文而來，見頁240。

41.Ibid., p. 130.及前揭書，頁241。

42.*WM*, p. 261.另 "The Universality of the Hermeneutical Problem", *Contemporary Hermeneutics,* p. 133.（It is not so much our judgments as it is our prejudices that constitute our being.）

43.Ibid., pp. 133-134.

44.*Truth and Method*, p. 179.這是高達美對施萊爾馬赫的詮釋，而非施萊爾馬赫自身的話語。

45.Ibid., p. 185.

46. "The Universality of the Hermeneutical Problem", *Contemporary Hermeneutics*, p. 131.及前揭書，頁243。

47.Ibid.

48.Ibid., p. 132.

49.Roberto Alejandro, Hermeneutics, *Citizenship, and the Public Sphere*（New York: State University of New York, 1993）, p. 70.Roberto在此頁中引用Richard Bernstein的話來說明這一點：「我們都是被拋入到這個世界中作為進行理解活動的存有；理解活動本身並不是主體活動中的一種，而應該被說是所有活動的根基。」此段引文來自Richard Bernstein, *From Hermeneutics to Praxis: The Review of Metaphysics*, p. 825.

50.Richard E. Palmer, *Hermeneutics: Interpretation Theory in Schleiermacher, Dilthey, Heidegger, and Gadamer*, p. 163.簡言之，哲學詮釋學（philosophical hermeneutics）與傳統的詮釋學科學

（hermeneutical science）最大的歧異點在於：詮釋學科學只停留在
方法論的層面，如同施萊爾馬赫所言，是一門「避免誤解的技藝
學」；哲學詮釋學則關涉此有的存在本身，理解活動不同於認識
論中的認知活動，其不是一種方法，而是一種存有。在此意義
下，我們於是視哲學詮釋學為存有學，而非方法學。另可參考第
一章註2。

51.H-G Gadamer, " On the Circle of Understanding", *Hermeneutics
Versus Science: Three German Views*, essays by H-G Gadamer, E. K.
Specht, W. Stegmuller, translated by John M. Connolly and Thomas
Keutner（University of Notre Dame, 1998）, p. 76.

52.*Hermeneutics*, p. 194. "nonobjectifiable" 一字中文譯作「無法被客
觀化的」或「無法驗證的」，這是個相當有趣的例子。原因是，根
據字面上的直譯，該字的中文應作「非對象化的」，「非對象化的」
於是「無法被客觀化的」，這就反映出科學及其方法論的宰控意
識，亦即如前所述，使客觀性只來自於被對象化的過程。

53.*WM*, p. 339.（Experience is experience of finitude.）

54.Palmer, *Hermeneutics*, p. 196.（For experience is something belongs
to the historical nature of man.）

55.實效歷史原則並非限制存有經驗的意識作用，其一方面指陳出我
們存有的真實境況；一方面，則說明存有作為一種理解活動的循
環，且此辯證式的循環活動將令我們的視域內容不斷擴大。

56.Ibid., 207.帕瑪在詮釋高達美的語言觀時說：「經驗並不是一個先
於（a priori）語言的東西，而是經驗自身藉由語言並且同時也在
語言之中發生。」另可參考第一章註10。

57.Ibid., p. 201.

58.《真理與方法・第二卷》中譯本，頁211。這是高達美引述他人的想法，但其實也正是他本人的觀點。並且，在此我們會發現，高達美其實並未如同哈伯瑪斯所批判的那樣，未注意到意識形態的作用時常是以語言爲中介而進行。

59.H-G Gadamer, "What is Truth", *Hermeneutics and Truth*, edited by Brice R. Wachterhauser（Northwestern University Press, 1994），p. 41.。高達美認爲，由於現代科學的所爲，僅是將希臘科學中的邏輯概念推得更爲徹底，換言之，現代科學在實際上並未眞正爲我們揭示出生活世界的眞實面貌，以致於在德國哲學中，歷經胡塞爾以及海德格，他們都不斷追問：究竟在邏輯陳述句背後起積極作用的眞實條件爲何？關於這個問題，高達美的想法是：「我相信我們原則上可以這麼說：不可能存在一個純粹與全然眞實的陳述句。」「不存在一個純粹的陳述句」意指：每一個陳述都有其前提條件，陳述句不可能僅是純粹邏輯形式的展現；「不存在一個全然眞實的陳述句」意指：「每一個陳述句都僅是完整現象在某一個角度下的被揭露。」綜上，高達美於是引出了提問的優位性。

60.《眞理與方法・第二卷》中譯本，頁212。

61.H-G Gadamer, "What is Truth", *Hermeneutics and Truth*, p. 42. 另參見*The Critical Circle*, p. 122. Hoy提到：「陳述的發生必須與其他要素形成關聯，諸如：該陳述的歷史處境，或該陳述在既定條件下可用性。」

62.前揭書，頁210。

63. *The Critical Circle*, p. 122. 在此，Hoy 的意思是：「高達美所言的動機，非指心理學層面的動機，而是引發此有的理解活動，並支持其不斷進行的基礎條件。」

64. 高達美並未否認提問會對答案設立一定的界限，但這種界限並非絕對，而只是顯露出一個無可否認的事實：現象的全貌不可能一次展現。陳述則不同，其在表述的同時，排斥了其他提問的可能性，例如，蘇格拉底不可能同時是人又不是人。當然，有了提問，就會形成針對該提問的陳述，因此高達美反對的其實並非陳述本身，而是反對將陳述的重要性置於提問之上，原因是，一旦陳述較提問更為重要，則一問就只能有一答，換言之，也就沒有了對話的可能性。

65. Palmer, *Hermeneutics*, p. 199.（Real questioning, then, presupposes openness-i.e., the answer is unknown-and at the same time it necessarily specifies boundaries.）

66. 前揭書，頁215。

67. Palmer, *Hermeneutics*, p. 203.（……, words are not something that belong to man, but to the situation.）

68. 前揭書，頁216。

69. 前揭書，頁217。

70. 前揭書，頁207。

71. 前揭書，頁203。

72. 前揭書，頁204。關於這一點，我們會在第三章哈伯瑪斯對哲學詮釋學觀點的汲取一節中詳加探討。

73. 這句話至少包括了以下兩項意涵：其一，如同前述的 "deep

common accord"，我們總是在有所背景的前提下進行理解與詮釋
活動；其二，這正說明了高達美認爲的理解與詮釋，重點在於不
同的理解與詮釋的出現，而非一終極、完美意義的攫握，後者僅
僅意味著理解與詮釋活動的終結。

74.H-G Gadamer, "Rhetoric, Hermeneutics and the Critique of
Ideology", *The Hermeneutics Reader*, p. 284.（Being which can be
understood is language.）

75.*WM*, p. 419.高達美說：「要擁有世界，一個人就必須要能夠向在
他面前的空間開放，在這當中，世界能夠如其本身那樣像我們開
放。擁有世界的同即擁有語言。」

76.H-G Gadamer, "The Universality of the Hermeneutical problem",
Contemporary Hermeneutics, p.137.

77.前揭書，頁23。

78.H-G Gadamer, "The Universality of the Hermeneutical problem",
Contemporary Hermeneutics, p. 139.關於這一點，Jonathan說的很
好：「我們個體的獨特性並非如蛹一般，在我們蛻變升至眞理的
崇高境界後就遭人遺棄；它其實毋寧是我們所有知識的起源及根
基。然而，我們卻很難領會這點，因爲它跟我們對自己最直接的
感覺——即『心靈與世界』或『主觀性與客觀性』這種二分法
——背道而馳。」參見Jonathan Ree, *Heidegger*, p. 2.譯文同樣參照
蔡偉鼎的譯本。

79.Ibid., p. 140.

80.James Risser, *Hermeneutics and the Voice of The Other*, p. 42.

81.Ibid. Risser, "This having / Haben is not to be understood as possession, but as the simple apprehension and determination of an object."

82.Heidegger, *Being and Time*, p. 24.

83.H-G Gadamer, *Truth and Method*, p. 267.（A person who is trying to understand a text is always projecting.）

84.Ibid.

85.參見*Truth and Method*, pp. 271-277.當中高達美對啓蒙的前見觀的分析與批判。

86.Ibid., p. 189.高達美指出，這一點即是施萊爾馬赫立論的前提。

87.Ibid., p. 187.

88.*GW*1／183.

89.*Truth and Method*, p. 267.

90.Ibid.

91.Georgia Warnke, *Gadamer: Hermeneutics, Tradition, and Reason*, p. 78.

92."The Universality of the Hermeneutical Problem", *Philosophical Hermeneutics*, p. 245.

93.Ibid., 高達美說：「前見概念與權威密切相關。」

94.如同在先前所言，人們經由理解活動成就自身生命圖像所揭示出的另一層意義是：在陌生與熟悉的兩極之間，正是詮釋學發生作用的地方。我們與自身所在的周遭總是處於一種既熟悉又陌生的關係中，這是因著某種形式的採距而形成的熟悉與陌生，或是人與人之間的採距，或是詮釋者與文本之間的採距，然而無論是何種形式的採距，縱貫其中的是時間上的距離（temporal distance），這種時間上的距離，一方面正是反思作用所以發生處；

　　另一方面，新的詮釋則將開啓溝通與對話的可能性。

95.*The Hermeneutic Tradition: from Ast to Ricoeur*, p. 288.

第二章
批判詮釋學對
哲學詮釋學的汲取與反思

第一節　前言

　　自從1960年《真理與方法》一書問世後，本書即被視為西方人本主義與教化精神復興的代表，高達美亦因此而成為人文學科領域中的一代大師，多位同時代的學者與其有過對話或論爭，哈伯瑪斯即是其一。在這本書中之所以將哈伯瑪斯與高達美的觀點進行對比，首先自是二人的論辯文獻相當豐富，有助於對比工作的進行；其次，針對哲學詮釋學中的重要觀點，哈伯瑪斯幾乎都提出了重新的批判與見解，這包括了語言、傳統與對意識形態的批判。其中對意識形態的批判在筆者看來尤其重要，原因是在高達美原本的論點中，其實並未對意識形態有太多的討論，直到1967年哈伯瑪斯發表〈評高達美的真理與方法〉一文後，高達美才又在同年發表的〈修辭學、詮釋學與意識形態批判〉一文中針對哈伯瑪斯指稱哲學詮釋學的語言與傳統觀點助長意識形態的作用提出回應。

　　高達美起先並未特別重視意識形態的問題，這或許是由於一方面，高達美對於前見與權威必然且必要存在的觀點，使得他並未特別在意意識形態的負面作用，畢竟意識形態也可以被視為傳統權威的表現之一，又或者說，即便意識形態在某些狀況下的確表現為進行宰控的機制，但其仍為歷史行進的過程中不可避免的存有；另一方面，意識形態的存在也不意味著人們

只能接受其宰控而毫無抵抗之力，原因是實效歷史具有激濁揚清的反思作用，其會將不合時宜的制度、觀點或規範反思出局。

　　相較而言，批判詮釋學的態度似乎較為積極。對哈伯瑪斯來說，對意識形態的批判是整個批判詮釋學的核心課題，無論是經由心理學的進路，試圖重新確立的溝通能力，或是後來的溝通行動理論，以溝通理性取代工具理性，建立起主體際間無礙的交流，其目的都是為了除去意識形態在政治、經濟與文化各領域中的宰控，以實現一種真正平等、進步的社會境況。在此筆者認為，哈伯瑪斯對意識形態的批判其實是對哲學詮釋學的一種補足，原因是：即便哲學詮釋學明白揭示出理解活動的基礎在於我們對歷史與傳統的承繼，並且在此意義下，我們於是有必要對前見、權威，甚而意識形態的價值予以重新估量；然而，它卻始終並未告訴我們當生活中確實存在著權威，或意識形態的不合理宰控時，我們除了等待歷史的實效反思之外，還能做些什麼？批判詮釋學提出的進路雖不必然可行，但卻可以強化我們的自覺與反思，以致於相對地減少了意識形態的宰控作用。

　　在這一部分，我們將首先由哈伯瑪斯如何藉助哲學詮釋學中的語言、傳統與實踐的觀點，針對實證主義與維根斯坦語言論進行批判反駁的面向著手討論。在這個面向上，哈伯瑪斯認為哲學詮釋學有效撼動了社會科學中實證主義的根基，明指了實證主義價值中立與客觀性的虛妄宣稱，以及其欲以一套總攝的原則蘊含一切社會現象的迷思；至於維根斯坦的語言論，其

雖然注意到並肯定了實證主義所忽略的社會組成的符號本質，但其語言遊戲（language play）的觀點，卻使得不同語言之間的文化交流或人際溝通僅僅成為一種規則的擇取與安排，忽視了語言自我超脫的傾向，以及在此其中由於理性的運作而達致主體際間相互理解的可能性。與此相對地，哲學詮釋學關於傳統以及語言的觀點則為批判詮釋學的溝通旨趣提供了發展的基礎，並且正是在這樣一個面向上，哲學詮釋學得以發揮其積極的作用，而成為批判詮釋學的輔助學科（基礎方法論）。然而，在肯定過後，哈伯瑪斯亦對哲學詮釋學中的語言和傳統觀點進行反思，其最主要的原因在於他認為哲學詮釋學中的這兩項觀點將會助長意識形態的宰控作用，而阻礙了一種真正無壓制的溝通進行的可能性，這正是哈伯瑪斯批判哲學詮釋學的關鍵所在。最後，則將進一步探討意識形態的形成過程，以及其與近代自然科學之間的關係，說明何以在意識形態的作用下，我們無法形成真正對等、無壓制的溝通。在此，筆者其實是欲以哈伯瑪斯批判詮釋學的觀點作為一對照組，一方面，指陳出哲學詮釋學論點的薄弱之處，並試圖探討前者觀點對於後者進行補充的可能性；另一方面，則是希望在兩者往復論辯的過程中，致使哲學詮釋學的輪廓更為明確深入。

第二節　批判詮釋學反思下哲學詮釋學的積極面向

　　如同在本章的前言當中所述，哈伯瑪斯是與高達美進行論戰的同時代哲學家中十分重要的一位，這是由於哈伯瑪斯對哲學詮釋學的不斷提出批判與質疑，致使高達美亦隨之不斷修正或補充其原先論點的不足之處。在此，我們看到的是一種企望對話的熱切，使得彼此的原初視域都經由激盪的過程而更形豐富，因此有趣的是，在這一點上，無論哈伯瑪斯同意與否，其實他都間接應證了高達美對話與詮釋的循環的觀點。不過，姑且不論這些，在他們二人長達數年的論辯當中，哈伯瑪斯對哲學詮釋學卻也並非只有批判而無肯定之處，事實上，哲學詮釋學中的若干觀點且為哈伯瑪斯重建社會科學堅實基礎的企圖提供了深厚的理論基礎。然而，如同曾慶豹老師所言，哈伯瑪斯總在與他人論辯的過程中，在批判對方缺點的同時，大量吸收對方的優點來建構發展自身的理論，就在此意義下，哈伯瑪斯於是被喻為介入型的哲學家，但也由於哈伯瑪斯對他人觀點的詮釋或引用常僅取決於其個人理論建構的興趣，所以他也是個著名的誤讀大師[1]，在哈伯瑪斯與高達美的論辯過程中，此類情形就表現得十分明顯。因此，在這一節當中，我們除了要對哈伯瑪斯吸納哲學詮釋學中的若干觀點進行討論外，也將適時地

指出哈伯瑪斯對高達美的誤解之處，因為這將反映出兩人在看似相近的觀點背後的根本歧異，而有助於我們釐清其彼此在理解與溝通議題上真正關懷的重點與旨趣。茲分述如下：

一、哈伯瑪斯對功能主義與社會系統體理論的批判

如同我們在第一章當中提到的，哈伯瑪斯與高達美之間的論戰大抵開始於1967年哈伯瑪斯出版的《論社會科學的邏輯》一書當中收錄的〈評高達美的真理與方法〉一文。在這篇文章當中，哈伯瑪斯雖然針對哲學詮釋學中的語言與傳統觀點加以批判，但在本書先前的章節中，哈伯瑪斯卻也應用了不少哲學詮釋學中的觀點來對功能主義進行反思。

簡言之，哈伯瑪斯認為，功能主義欲採用功能性的系統連結來試圖說明解釋甚而預測社會行動的涵義內容與行進，換言之，功能主義亦即欲建構出一套客觀—意向性的網絡架構，使其理論一方面可以在經驗世界中四通八達地進行推演應證與連結，一方面又可以說明社會行動複雜的內在意義，而不光僅是一種邏輯的演練推究。依上，哈伯瑪斯指出，功能主義的最主要表現，便是藉助生物學的觀點模式，來進行社會現象的觀點討論。原因是，在生物學當中，每個個別有機體的再生或複製，似乎都表明了某種目的性（意向性），這種目的性不見得會透過特別的或明顯的目的性行動表現出來，也不是某個有機的主體設定了這樣一種目的，而這就表現為一種客觀；因此，對生物學來說，這種不是很具體，但是卻又確然存在的目的性，就表現為一種客觀但又具意向性的行為模式[2]。將這種生物

學的觀點運用到社會現象的探究上，便形成了一種社會學的系統理論（sociological systems theory），其視社會爲一個有機組織（organization），並且，這個社會的有機組織即便可以被計畫、形塑，但最終其仍是以一種自我規制（self-regulate）的方式再生自己[3]。也就是說，社會的有機組織不是由某個或一群作爲主體的人們建構出來的，它雖然可以被指稱、被計畫——例如，社會的結構圖列，或社會政策的擬定，但事實上，這個社會的有機組織的運作卻是「自成的」，而不是由任何一個主體所能加以決定。舉例而言，英國文化人類學家Malinowski與Radcliffe-Brown，就是採用功能主義的進路對原始的社會進行經驗性的分析（觀察之謂），Radcliffe-Brown曾經提到：「在生命有機體方面，以身體機能爲例，存在於有機體生命過程中一些不斷循環的作用——例如，呼吸或消化作用，這些作用的存在都是爲了維繫該有機體的生命所進行的某種活動（activity），換句話說，這種不斷循環的物理過程——也就是各器官的活動——實際上也就是各器官所具有的功能。而在社會有機體方面，如同上述的生命有機體，在社會結構中，組成社會的基本單位——也就是個人——他們所進行的各種社會活動（即其社會生活）——例如，婚喪、喜慶或出版事業，這些都可以被視爲是維繫這個社會續存的功能之一。如果和生命有機體相對照，那麼各種社會活動就好像是各種循環作用一般，都是爲了維繫生命或社會的永續存在，因此，組成社會的基本單位——也就是個人——所進行的社會活動，就可以被視爲是支持整體社會存在的功能作用。」[4]

　　針對功能主義的指稱，哈伯瑪斯認為：「社會作為一種有機體的觀點，將會形成一種自我矛盾的理論結果」[5]亦即：假如我們主張社會行動是一種意向性行動，則一套可以總攝、分析（謂一種經驗上的，如同自然科學方法一般的分析）社會行動的理論的建構自然是不可能成立的。原因是，假如將人類文化社會的建制性結構——價值觀念與行為規範——等同視為在生命有機體中自我規制的結構或存有，則社會行進的過程，也就如同在生命有機體中的循環作用一般，可以被置於一套經驗網絡當中加以分析、預測；然而，如此一來，原本具有複雜意向性的社會行動，便只能被化約為因刺激而產反映的制式行為。換句話說，功能主義欲以經驗脈絡總攝社會行動的做法，將會使得社會行動豐富的意義內涵被隱匿，所謂社會規範的功能，就只是成為一種主觀的維繫某個個人或攝群存在的作為。反過來說，人類文化社會中的價值觀念或行為規範若要全然放在經驗的網絡當中加以分析預測，則原本具有意向性的社會行動，就只能表現為一種經驗的可觀察行為，但這顯然又與哈伯瑪斯的認知相歧出。

　　哈伯瑪斯認為，功能主義與社會系統理論的論點之所以陷入自相矛盾的困境中，就在於它們並未正視到社會存有的符號本質，而壓抑了人類主體進行詮釋與理解活動的需求[6]，並因此將具有複雜意向性的社會行動，化約為因刺激而產生反應的制式行為。在此思想背景下，哈伯瑪斯於是轉向哲學詮釋學的語言觀點，一方面，是藉之反駁功能主義／實證主義者的不可能性宣稱；另一方面，則是在當中尋求主體際之間相互溝通的可

能性。

二、批判詮釋學對哲學詮釋學語言觀點的汲取

　　哈伯瑪斯對維根斯坦語言論的批判，在 *Hermeneutics Versus Science*[7]一書的導論當中，作者試圖藉由區方實在論（realism）與建構論（constructivism）之間的差異，來幫助我們理解詮釋學發展的歷程。大抵而言，實在論者主張：客觀的真理存在於外在世界，因之，以施萊爾馬赫為例，他認為在理解文本的過程中，詮釋者所要作的，一方面是在文法上對文本文字內容的探究，另一方面，則是在心理層面上，對作者原初意圖的追溯，藉由這兩條進路的同時進行，重構（reconstruct）作者創作的完整歷程與文本的整體意義，並因而有了所謂客觀與正確的理解[8]。建構論者相對於實在論者，其並不否認外在事物的客觀存在（out there），但卻是以我們自身為起點，出發建構出外界的實在。在此意義下，維根斯坦的語言論於是被歸屬於建構論的領域，其主張意義（meaning）並不來自外在於社會的結構（extra-social structures），而是來自於和語言使用相關涉的主體際的關於社會規則的學習過程中。簡言之，意義是經由語言而被互為主體地建構出來的（be constituted intersubjectively）。因之，不同的語言遊戲（language play），將呈現出不同文化社群之間的生活形式與價值規範[9]。

　　在本節第一段的論述當中，我們曾經提到，哈伯瑪斯之所以反對功能主義與相關的社會系統理論的最主要原因，在於他認為這些論點與立場都忽視了人類社會存有的符號本質；承上

所述，維根斯坦語言遊戲的觀點顯然彌補了這樣的缺失，則爲
何哈伯瑪斯仍要對之提出批判？

　　事實上，哈伯瑪斯之所以會對維根斯坦的語言論提出批
判，在於他認爲，首先，維根斯坦語言遊戲的觀點雖然正視了
人類社會存有的符號本質，但是卻以一種過於科學化的方式來
看待語言運作中日常語言（ordinary language）的作用，賦予其
完美的結構性和明白性（unambiguous），並因此主張這種日常
語言組成了在社會化過程中被運用的語言規則。在此情形下，
運用此語言規則，就如同運用自然科學中的規則或公式一般具
有絕對性。然而，一方面，在實際情況中，日常語言是歧義
（ambiguous）與不完美的，並且，正是由於這種語言的歧義性
與不完美性，構成了對話與溝通進行的可能性。如同我們在第
一章當中提到的，高達美認爲，由於語詞總是具有一種擺動的
涵義範圍，這便開啓了對話無限延伸的可能性。「講話是在談
話的要素中發生的。」此要素指的便是因著語詞的多重意義而
引發的持續對話的可能性。另一方面，如果社會化的過程僅僅
是一種社會中的個人學習掌握語言規則的過程，則不僅個別的
思維都必須受到一套總攝的語言規則所安排，且在此社會中，
有的便只是資訊的交換，而非溝通的進行，個別自我的同一性
（ego-identity）亦將不復存在[10]。

　　其次，維根斯坦主張，語言遊戲反映出文化社群的生活形
式與價值規範，因此，欲理解異文化，就必須全然投入異文化
的語言運作過程當中，儘可能完美地重構出異文化中行動者所
使用的統一的語言規則。哈伯瑪斯認爲此一進路的最大失誤，

在於維根斯坦視語言遊戲爲組成社會行動的唯一方式，因而爲了要眞正融入由不同的語言規則形成的相異文化社會當中，我們就必須放棄自身原先的立場——亦即：自身原先社會的語言遊戲，但這實際上是一種自我矛盾以致於無法成立的觀點。原因是，維根斯坦假定了個人先是處於原先所在的處境當中，受既定語言規則的影響，進行某一類型的語言運作，形塑出某一面向的思維邏輯與價值觀（world-view）；但在面對持不同的語言規則，進行不同語言遊戲的族群時，我們又可以不受既定語言規則的影響，而採取一種純然觀察的態度面對其語言運作。問題是，即便我們可以接受對異文化或異族群的理解，僅是一種語言學上的分析過程，但語言學的分析，又如何可以在沒有既定語言規則的影響作用下進行？哈伯瑪斯認爲，眞正的理解，應當較接近於高達美所主張的詮釋的循環（hermeneutic circle）的歷程[11]。我們所處的社會，並非是一個各自封閉的文化整體（cultural effacement），理解異文化的過程，是一個意義投射與總合的過程，我們總會帶者自身既定的立場，對異文化進行某種預期意義的投射，但又會在彼此視域相互衝突激盪的過程中，不斷修正增補自身原先的意義籌劃與視域內容[12]。

最後，假若如同維根斯坦所言，意義的內涵來自於某個封閉的語言整體（an enclosed linguistic totality），則這又將導致一種相對主義的矛盾，令各個語言整體之間的溝通交流（translate）形成困難。於是，現在的問題便是：倘若溝通與理解必須在語言中介當中進行，但又不僅是維根斯坦所主張的語言遊戲的運作與安排，則我們究竟要以何種語言形式來相互溝

通與理解？關於此，哈伯瑪斯認為，就在日常語言自我超越
（self-transcending）的傾向當中，即寓示了一種主體際間相互
溝通對話的可能性。

簡言之，哈伯瑪斯認為，日常語言具有一種超越自身既定
觀點與意義內涵的可能性，但這種超越又不同於維根斯坦所主
張的從一套語言系統的掌握，到另一套語言系統的掌握；從自
身所處的語言遊戲中，跳脫到另一套不同於自身的語言遊戲當
中。這種超越的更重要意義，毋寧是將相異的體系納入到自身
之中的歷程[13]。我們會發現，在日常生活的語言經驗當中，我
們大部分時候都能以文字或聲幅組合的方式，來進行思維的溝
通與交流，但偶爾仍不免遇到一些無法以文字甚而聲音來傳達
意義的困境，弔詭的是，日常語言得以超越自身而達致的可能
性，有時便存在於這種無言之言的情況中，高達美就曾以默契
（stilleinverstadnis）為例，指出即便有時候我們無法以一種可
見（visible）的文字符號的方式表述某種共通的經驗，但這種
語言的失靈現象，表現出來的並不是對話的結束，而是對話的
開始，是我們意識到自身的界限，而擴展視域的契機。同樣
地，所謂的「換句話說」，也是令原初語言的意義內容更形豐
富的一種形式表現，其寓示了日常語言的多重適應性。

對哈伯瑪斯而言，這種日常語言的自我超越傾向之所以重
要，就在於其揭露了在主體際溝通理解的過程中，一種溝通理
性（communicative ration）的作用。大抵而言，法蘭克福學派
的學者在探討理性的相關議題時，雖然無法對理性進行一種完
整周全的界說，但明顯可知的是，他們所說的理性意涵勢必遠

遠超越了所謂的工具理性（instrumental ration），而指涉一種能
夠使人類超脫物質或自然物理世界控制的能力。簡言之，所謂
的理性，在法蘭克福學者的觀點中，即意指一種使人們得以自
我超越的能力。哈伯瑪斯在此思想背景下更進一步指出，這種
理性的運作，就存在於語言的自我超越傾向中，他說：

> ……理性總是和語言相關涉，並且也總是超越（beyond）
> 其語言。只有藉著除去語言的專述性（particularities），理
> 性才能在語言當中被具現出來（be embodied）。[14]

　　事實上，哈伯瑪斯所指涉的理性與高達美所指涉者並不全
然相同。對高達美來說，當我們論及任何關於理性的超越能力
的問題時，我們必然得採取一種較為謙虛質樸（modest）的態
度，因為在我們所說所作的事物當中，我們其實是早已經從屬
於那些未說出的部分（we already belong to what is unsaid）[15]，
因此，高達美指出：

> 我們不該隨意稱理性的名號，任何稱理性之名的人只會與
> 自身相牴觸。因為所謂理性，是意味著個人對其自身理解
> 界限的明白體認，並正是經由這個事實理解永遠有其限
> 制，我們得以形成更好的理解。[16]

　　然而，對哈伯瑪斯來說，理性則表現在主體際經由語言溝
通而達致的共識過程當中，如此一來，將使得進行溝通成了語
言的首要功能（function），換言之，語言存在的唯一目的，似

乎便是用來作爲進行溝通的工具，但這樣的觀點實則扭曲了高
達美關於語言探討的原意，因爲這種語言的工具論傾向正是高
達美所極欲排除的。不過無論如何，哈伯瑪斯仍在高達美關於
語言的辯證性觀點當中，找到了他認爲語言得以超越自身以進
行普遍溝通的可能性。原因是，他認爲高達美雖然一再強調理
解的有限性，但這種界限並不是一種絕對的禁制，其關鍵就在
於高達美對語言的辯證性（dialectical account of language）的
闡述上，我們可以由兩層面向來看待這種語言的辯證性：其
一，是相異者之間的溝通；其二，則是對既有者的反思。哈伯
瑪斯說：

> 孩童們最初學習的基本語法規則，不僅是達成共識的可能
> 性條件，亦是重新詮釋此規則的可能性條件，這使得我們
> 在克服距離的同時，又得以採取某種距離。[17]

簡言之，哈伯瑪斯認爲，學習我們自身原初語言所意謂
的，並不只是接受既定的語言內容以及因之而來的價值觀，而
更同時包括了一種重新詮釋與反思原有語言內容的可能性。原
因是，先前語言的歧義性，說明了只要進行理解，就會有不一
樣的理解出現，也因此，對我們自身原初語言內容的修訂與增
補，並不會只發生在我們與不同的語言運作而形成的不同文化
體系的接觸與衝突的情境中，而是在每天的日常語言表述中，
我們就時時進行著這項重新詮釋與反思的工作。哈伯瑪斯認
爲，這種語言的辯證性之所以能夠成立，正是由於一種溝通理
性的作用，而非僅如維根斯坦所言，是一種語言規則的掌握與

安排。在進行理解的過程中，重點在於如何經由語言的溝通而相互調整，並進而達成一致的共識。在此意義下，共識的達成便表現爲對自身原初理解的反思與超越。

至此，我們會發現，在哈伯瑪斯的觀點中，維根斯坦與哲學詮釋學的不同，在於前者試圖藉由語法規則的掌握，來進行溝通並達致相互間的理解；後者則是在對語言符號下的內容進行詮釋的過程中，尋求達成共識的可能性。前者的進路之所以無法成立，就在於一種僅圍限於符號意涵當中的語言，實際上並無法總攝我們生活的全貌。就是在這一點上，哈伯瑪斯採用了高達美的觀點，來對維根斯坦的語言遊戲理論進行深刻的批判。

三、批判詮釋學對哲學詮釋學傳統與前見觀點的汲取

哈伯瑪斯對實證主義價值中立與客觀性宣稱的反駁，嚴格說來，其實維根斯坦的語言論在哈伯瑪斯的觀點中亦是一種實證論，其固然肯定了社會存有的語言本質，但是卻將社會預設爲個別的封閉的語言運作體系，以致於使得主體際之間的溝通與交流成爲不可能的任務。哈伯瑪斯認爲，維根斯坦的理論構作，顯現了其受到自然科學方法論影響的痕跡，其試圖將語言規則等同於自然科學中的制式公式，使得學習語言規則以進行溝通的歷程，可以如同採用公式來解題一般明確可行。在上一段論述中，我們已經探討了哈伯瑪斯如何藉由哲學詮釋學中的語言觀點，來說明維根斯坦這種語言遊戲論點的不可能成立。然而，這並不意味著不同的語言運作體系之間就不可能有所交

流與溝通，而是我們必須採取另一種與維根斯坦語言論不同的進路。關於此，哈伯瑪斯認為，我們其實可以在哲學詮釋學關於傳統與前見的觀點中，找到使得不同的語言體系進行交流與溝通的可能性。原因是，倘若語言性為我們社會的本質結構，又傳統是在以語言為中介的社會化過程中不斷形塑而成的存有，則我們自然能在傳統當中尋得溝通彼此理解的可能性。並且更重要的是，正是哲學詮釋學這種對於傳統的從屬性（belongingness to tradition）的觀點，於是間接證明了實證論者價值中立（value-free）與客觀立場（objective）的宣稱的不可能實現[18]。

　　簡言之，高達美認為，人之存有作為一歷史性的存有，我們總必須在傳統的作用下，以語言為中介，不斷地進行詮釋與理解的活動來構作自身的存有；反過來說，我們也僅能由自身的生活實踐所形成的視域，去理解歷史傳統的內容，這當中所呈現出的，便是傳統與我們自我理解之間的內在關聯。

　　然而，即便我們作為一歷史性的存有，但當我們試圖去理解一個不屬於我們時代的文化內容時，其情況就如同在面對異文化的衝擊時一般，我們總會預先形成某種意義的籌劃，而後再依此預先的意義籌劃去理解異時代或異文化的內涵。當然，預先的籌劃內容也並非總是一成不變，而是相反地，其會隨著往後的理解與詮釋活動的進行時而增減更迭，而這便是高達美所說的詮釋的循環。我們會發現，在詮釋的循環過程中，預先的意義籌劃反映出我們自身的詮釋學處境——亦即：我們總是受到自身的時代背景與個人志趣的影響去進行這樣一種意義的

預先籌劃。這種傳統的從屬性，即間接說明了一種價值中立立場的不可能存在，以及因之而來的對客觀性的重新思考的必要性。反過來說，我們也總必須要有某種視域的存在，以將我們自身置於歷史情境的脈絡當中，令我們在某個既定的基礎上，進行理解與詮釋的活動來成就自身，在此意義下，我們於是可以說：正是由於我們時間性的存有（temporal existence），構作了我們存有的基礎與起點[19]。

哈伯瑪斯拮取高達美觀點，但卻以另一個語詞——溝通經驗（communicative experience）——來取代所謂的傳統的從屬性，他說：

> 現象學的觀察和語言學的分析都經由一種溝通的經驗而與其對象領域（object domain）緊密相繫，因此它們便不能宣稱會有一種全然中立無涉（uninvolved）的觀察者的存在。[20]

此處的溝通經驗，意指我們觀察者與事物對象都從屬於相同的歷史文化傳統，其一方面說明了我們與事物對象之間的無法分離，並因此真正的理解，不該僅來自於將事物對象化的過程，而是在我們自身與事物的糾葛纏繞中，試圖詮釋並進而理解彼此之間相互聯繫的真正意涵；另一方面，這種溝通經驗亦說明了我們總必須在歷史傳統、前人、前見的作用影響下形成某種視域，並依此為基礎，不斷進行理解與詮釋的活動。而倘若沒有了所謂價值中的觀察，則所謂的客觀性也就必須重新加以思考。

原本在自然科學的觀點下，所謂的客觀性意指將自身抽離至事理（die sache）之外，而後以一種價值中立的立場對其進行觀察或解釋。但對哲詮釋學與批判詮釋學來說，任何藉由打斷個人與傳統之間的聯繫——否定我們傳統的從屬性與共同的溝通經驗——的做法，都只會招來適得其反的效果。原因是，如前所述，主客之間原是相互關聯的（interrelated），如同Alan How所言：

> 此主客之間的關聯進一步來說，即是作為我們視域融合的過程中的基本元素，並且此視域融合的結果即構成了我們的傳統。[21]

其實在先前的論述中，我們就曾經提到，哈伯瑪斯主張語言的辯證性致使其可以超越自身的界限，使我們在語言運作的過程中，同時進行著相異者之間的溝通，以及對既有視域內容的反思。也因此，Alan How在詮釋哈伯瑪斯的觀點時就曾經說道：

> 當孩子們經由社會化（即經由語言學習的過程，而置入社會的意義網絡中）進入我們的社會，他們學習到的不只是既定的（約定成俗的）意義內容（established meaning-consensus），而且尚包括了他們經由不同的詮釋（既有的意義內容和語言規則）而獲得的東西。取得某人自己的語言，應該同時意謂著給予某人對此語言表達距離（express a distance）的力量，而這使我們得以擁有歷史傳統

（historical tradition）。[22]

　　質言之，我們原初的視域內容在傳統的作用下，有因循變革、有傳承、有累積、有更新、有前進。一方面，過往的傳統作為我們溝通經驗的共通基礎；另一方面，語言的辯證性又致使我們得以超越原初的視域內容，在進行新的視域融合的同時，又形塑了新的傳統。在此意義下，過去其實是存在於當下的，我們每日不斷進行的社會化過程，其實即是傳統行進中的一環。依此，所謂的客觀性，也不是來自於將事物對象化的過程，或將我們自身抽離出歷史傳統的脈絡中，而是應該同時來自於我們對自身歷史處境的明白體認，以及在既定的基礎上，以不同的詮釋開展新視域的努力。如同哈伯瑪斯所說：「客觀性只能經由反思的參與而得到確立。」[23]所謂參與，意指我們與事物的傳統的從屬性，並因之而來的溝通的共同經驗；所謂反思，則意指在我們時間性存有的基礎上，同時進行著傳承延續以及重新詮釋的可能性。

　　最後，必須附帶一提的是，即便哈伯瑪斯採用了高達美關於語言和傳統的觀點，來反駁維根斯坦語言遊戲的論點以及實證論者的價值中立與客觀性的宣稱，試圖說明不同語言運作之間的交流轉換，並非僅是一種語法規則的擇取和安排；在傳統、前見的作用下，我們也永不可能採取一種價值中立的觀察者立場，來進行在自然科學方法論的意義中所謂客觀性的解釋與認知活動。然而，哈伯瑪斯對高達美關於語言和傳統的觀點也並非全然認同，這一部分的討論，將會在下一節的論述當中

呈現。

第三節　批判詮釋學反思下哲學詮釋學
　　　　的界限

　　如同在第二節文末處所言，哈伯瑪斯雖然藉用哲學詮釋學
中的語言、前見、傳統、詮釋的循環等觀點來批判與反駁功能
主義和實證論者的論點，然而，這並不表示哈伯瑪斯就完全認
同高達美的語言和傳統觀點。事實上，他僅是在哲學詮釋學當
中，汲取對批判詮釋學建構有所助益的部分，因之而來的，有
時哈伯瑪斯對高達美觀點的詮釋或批判就不免有所扭曲或誤
解，然而，這也並不表示哈伯瑪斯對哲學詮釋學的反思就不構
成任何意義或未成就出任何價值，相反地，批判詮釋學對哲學
詮釋學的反思之所以十分重要，原因就在於倘若如同高達美所
言，理解的起點是始自於我們對自身有限性的經驗，那麼批判
詮釋學反思哲學詮釋學的界限就無疑是充全哲學詮釋學內容的
最直接進路。這也就是為何在探討過哈伯瑪斯對高達美觀點的
汲取之後，我們必須反轉身來，改以一種探距反思的方式，來
試圖理解哲學詮釋學的界限所在。

一、阿佩爾的觀點與影響

　　我們首先可以從阿佩爾（Karl-Otto Apel）對哲學詮釋學的
反思著手[24]。如同我們在第二章一開頭就提到海德格，那是由

於我們會在往後哲學詮釋學理論建構的過程中不斷看到海德格思想的影子，換句話說，海德格的思想是高達美理解的前結構中的一部分。同樣地，在哈伯瑪斯對高達美諸多的批判中，有許多部分其實也是延續阿佩爾的觀點而來。

　　大抵而言，阿佩爾認爲，高達美主張理解必須在共同的對話中達致的觀點，說明了我們理解的詮釋學處境，亦即：我們總是在有所背景的前提下形成自身的視域內容，並以此爲基礎，在共同參與的過程中，逐漸形成一致的世界定向。依此而言，一方面，所謂意義的釐清或對話溝通，就無法僅以一種符號轉換的方式來進行；另一方面，自然科學方法論下的客觀性標準必須重新接受審視，因爲即便是自詡爲最中立客觀的科學語言，其實亦是從屬於整體社會、傳統與現代共同交織的意義網絡當中的一部分。

　　我們會在先前的論述中發現，科學方法所強調的明晰性一直是高達美所欲排除的部分，哲學詮釋學之所以強調辯證性而不講明晰性，那是因爲高達美始終認爲我們總是在未知的基礎上開發知的可能性，如同海德格一再強調的：「正是存有的隱而未現而非清晰可見引領我們接近存有。」作爲一歷史性的存有，我們總是在不斷詮釋與錯誤詮釋的纏繞過程中，試圖釐清並理解自身的存在處境。阿佩爾與哈伯瑪斯雖然亦肯定高達美對我們詮釋學處境的揭露觀點，但他們對科學方法所能帶來客觀性與明晰性卻仍保有希望和期待，並因此轉而認爲高達美或海德格將詮釋學置於存有學層面的做法，實際上不僅無法觸及人們在社會生活當中所面臨的實在困境，甚至反而會成爲意識

形態進行其宰控力量的幫兇。阿佩爾曾說：

> 我認為，詮釋的精神科學（hermeneutic
> geisteswissenschaften）是由於其在理解當中要求一種與之相
> 繫的應用性（application），而成為意識形態地運作。[25]

　　簡言之，阿佩爾認為，高達美雖然正確地指出我們進行詮
釋的歷史處境（historical situatedness of interpretation），說明了
理解總是在傳統或前見的作用下，在共同實際參與的過程中達
致——亦即：意義的形成有其歷史性與實踐向度上的基礎，但
是這卻不意味著我們應當將理解等同於應用。換句話說，阿佩
爾認為，因為我們詮釋的歷史處境，高達美於是主張理解必須
在對傳統與現代、熟悉與陌生的調和（mediate）過程中達致，
這種調和或許表現在為傳統規範尋求時代新意上，或許表現在
為陌生的觀點尋求生活中合理的解釋上，但無論如何，這種必
須與實踐或應用相結合才能達致所謂真正理解的做法，卻很容
易導致一種意識形態的運作結果。原因是，假若應用就等同於
理解，則我們要如何避免一種因為個別意志與目的的影響，而
被刻意扭曲的理解的出現呢？關於這一點，我們其實可以由兩
個面向來探討：

　　首先，坦白說，阿佩爾實際上是誤解了高達美的想法。原
因是，高達美從未將理解、應用與詮釋區分成三個各自獨立的
歷程，在他的想法中，所謂的知，必然同時伴隨著行的實踐。
這就如同在海德格觀點中的經驗一般，必須同時涵括著認知
（auskennen）與實踐（umgehen）的向度。客觀性既不來自於

將事物對象化的過程，那麼理解亦非意味著對某個外在的客觀事實的充分掌握，而是在理解的同時，就已經包括了應用與詮釋。

　　然而另一方面，阿佩爾對於這種爲了某種應用的目的，而使得理解的內容被刻意扭曲的疑慮也並非全無道理。原因是，阿佩爾認爲，高達美主張語言性作爲此有與我們所處的社會的本質基礎——亦即：所謂的理解、詮釋或溝通都必須在語言的中介當中進行——的觀點，其實是預設了我們所欲相互理解溝通的東西，要不是在某種意識作用下所形成的意義內容，就是某種明白動機的反射結果；但實際上，歷史除了是上述這種具有意識作用的意向表現之外，尚是因果關聯（causal connection）潛意識動機（unconscious motivations）與不期然結果（unintended consequences）所共同組成的綜合體，故有時行動或意義遂無法藉由語言溝通的模式來取得一致的理解。換句話說，在傳統與前見的作用下，有時透過語言所能做到的，僅僅是闡明一種因果之間的關聯性，而非進行眞正的溝通。在此情形下，阿佩爾於是主張哲學詮釋學應當朝向一種準客觀的解釋科學（quasi-objective explanatory science）發展，心理學的精神分析模式便是一項值得參考的進路[26]。哈伯瑪斯的批判詮釋學在這一點上即深受阿佩爾的影響。

　　Alan How指出，哈伯瑪斯對心理學精神分析的知識論型態（epistemological form）——亦即精神分析理論的構成進路——之所以深感興趣，是因爲在哈伯瑪斯看來，批判詮釋學對意識形態的批判與心理學的精神分析有其相通之處，再加上心理學

是近代以自然科學的方法概念運用到人文社會的現象分析的代
表，其表現出一種客觀性，而這種客觀性也就是哈伯瑪斯在建
構批判詮釋學反駁功能主義與實證論者的觀點時，仍想繼續保
有的東西。

　　簡言之，哈伯瑪斯認為，首先，心理學的精神分析理論結
合了患者敘事性的生活內容（narrative life-account）與人格理
論，批判詮釋學結合了生活世界的符號本質與社會的建構理
論，二者同樣需要去進行一種理解與詮釋的活動；再者，精神
分析理論主張構成行為的本源被隱匿在某個個人生命歷程當中
的壓抑過程；相近地，批判詮釋學亦認為廣大群眾的生活被一
種由意識形態主導下的扭曲系統所壓抑宰控。我們會發現，在
精神分析理論當中，病患因為一種類似因果律的力量（quasi-
causal force）的作用，而表現出被壓抑的行為，哈伯瑪斯對這
種存在於人類文化社會當中的因果關係（human causality）極
感興趣，並因此認為精神分析理論是介於實證論和詮釋學之間
對社會行動較佳的解釋觀點[27]，原因是：精神分析理論清楚地
認識到人類的社會行動有其意向性，而這種意向性也就是在社
會的符號結構之下的動機因素。反過來說，由於社會行動是因
著被建制化的社會規範與價值觀的影響而形成的意向性行動，
其並非僅是經由刺激而產生反應的制式行為，因此，社會行動
便無法單純地以自然科學中的因果律來加以分析或理解，而是
必須被詮釋地理解（understand hermeneutically）。最後，精神
分析理論的最終目的，在於重塑某個個人生命歷程敘事脈絡的
原貌和一致性；批判詮釋學則是試圖重塑人類歷史行進的融貫

和一致性，使我們的行動不再受到意識形態作用的扭曲。總而言之，二者都是爲了將人們從一種被壓抑的境況中解放出來所作的努力。

二、關於方法論的爭議

　　承上，其實即便後來哈伯瑪斯自己亦承認此心理學進路的採用並不成功，但我們仍然可以在這當中看到哲學詮釋學是如何深刻地嵌入到哈伯瑪斯自身理解的前結構當中，以及自然科學方法論與哲學詮釋學在批判詮釋學建構過程中的持續拉鋸。因此，就某種意義而言，哈伯瑪斯仍是在間接應證高達美關於語言、傳統、前見與詮釋的循環等觀點。而另一方面，不可忽視的是，在哈伯瑪斯對精神分析理論的採用中，其實尚透露出他與高達美之間關於方法論的爭議：

　　哈伯瑪斯認爲，高達美的前見觀點雖然有效解消了自然科學以及實證論者建構一種全然客觀與價值中立的方法的可能性，但這並不意味著方法論的建立在理解與詮釋活動進行的過程中是不必要的。批判詮釋學雖然並不認同自然科學與實證論者的那套方法，但也希望能夠「藉由一種『受到控制的與對象之間的探距』（controlled distancing），將理解由前科學的操作，提昇到一種經由反思的操作過程。」[28]哈伯瑪斯認爲高達美的缺失，就在於其絕對化了所謂的詮釋學經驗，主張詮釋學經驗無法僅以科學方法來加以涵括，並甚至因此否定了其他任何方法存在的必要性，彷彿我們在面對人類文化世界時的選擇就只有眞理與方法兩條路徑，一旦選擇了方法，便遠離了眞

理。

　　但對高達美來說，其實哲學詮釋學從來就沒有排斥過方法論的問題，只是那並非詮釋學關懷的重心。簡言之，高達美重視的是真理的彰顯，而不是方法的制定。換句話說，他所想作的，是去探討在實效歷史的作用下，進行理解的可能性條件，而不是去建構出一套方法來告訴我們只要怎樣作，就可以把真理給挖出來。

　　然而，高達美在這一點上與哈伯瑪斯的觀點卻有相當大的歧出，如同陳文團教授所說的：「哈伯瑪斯尋求的是一個同時具備了知識論層次與實踐層次的社會理論。」[29]，因此，即便他也認同精神科學的目標是在理解，而非純認知。但是，必須注意的是，所謂的非純認知，只是表明了不能只是認知，但是卻不是說不需要去進行認知的活動。這也就是為什麼他會有《知識與人類志趣》這樣一本著作的出現，因為他認為，人類的志趣影響知識的形式，而知識的不同形式又會直接影響社會行動的採取和行進，而為我們的實際生活帶來不同的結果。

　　相較起來高達美不重方法，但這卻不表示他就反對方法，他所反對的只是對於方法的過分依賴與自信所帶來的對自身價值——這包括了對自身文化傳統與自己當下的存在價值——的縮減甚至否定。張鼎國教授在〈文化傳承與社會批判——回顧Apel、Habermas、Gadamer、Ricoeur間的詮釋學論爭〉一文當中指出，Apel在1963年對《真理與方法》的書評當中提到：「高達美的詮釋學中可產生『規制性質』（das Regulativ）的成分不夠，不足以說明普遍有效性的理論陳述，以及基於如是陳

述可以提出的確實知識如何可能成立的問題。他的貢獻只能限定在發揮『矯正性質』（das Korrektiv）的效果上，也就是說：即針對近代以來蔚爲主流的由方法理念所導致的唯科學論，重心及方向上稍加修正而已。」[30]即便Apel的評論是較爲負面的看法，但這也正說明了高達美重眞理而輕方法的原委。

三、參照體系

　　哈伯瑪斯批判哲學詮釋學中的語言與傳統觀點，除了方法論的爭議之外，哈伯瑪斯亦繼續對高達美關於語言與傳統的觀點提出質疑。簡言之，他認爲實效歷史意識試圖反思自身歷史傳統的成見，並控制自己的前理解，這一方面固然動搖了實證主義的觀點，終止了一種過於樂觀的客觀主義[31]，但另一方面，我們仍然必須質疑這種反思的力量源自於何處，或者，實效歷史意識眞能形成反思的作用嗎？根據詮釋學反思的立場，人們永遠不可能跳脫到自身視域之外去進行理解活動，並且，由於人們在生命中不斷形成的世界定向總是會因著不同時其周遭處境的變遷而呈現出相異的面貌，如此一來，就不可能形成一個最終的意識定論，矛盾的是，哲學詮釋學所主張的實效歷史意識卻似乎是這樣一個原本不該有所定論的意識結果。並且，既然因著實效歷史意識的作用，而使得一切人、事、物都被限定在自身的視域當中，則其又是如何掙脫自身視域的限制，而去進行所謂的反思活動呢？眞正的理解是經由反思的過程，而後識破假面，接露錯誤的過程，既然如此，則對於前見的闡明又如何能被視爲是對權威的承認？這根本是一個內在矛

盾以致於無法成立的命題，反言之，高達美承認權威就等於是
接受獨斷論的宰制，就是保守主義的表現。

　　哈伯瑪斯認為哲學詮釋學之所以過度擴充了歷史與傳統甚
而權威的價值，那是由於其缺乏一套參照體系（reference
system）的運作，以致於無法正視到自身的侷限性。關於此，
哈伯瑪斯說道：

> 在詮釋社會學中（interpretive sociology, 指高達美的哲學詮
> 釋學）語言性表述的意識（linguistically articulated
> consciousness）作為一種唯心的預設，用以決定生活中的
> 實際面向。然而，社會行動的客觀基礎並無法被主體際之
> 間相互認同以及用語言符號傳達的意義面向所窮盡，語言
> 結構只是社會中複雜結構的一部分，這整個複雜結構即便
> 是以語言符號來運作，但同時也是由一些實際存在的壓制
> （constraint）所組成──外在自然的壓制，其內化到技術
> 控制的過程中。以及內在自然的壓制，其在社會權力關係
> 的壓抑特質中被反映出來[32]。

下述這段話將組成社會行動的客觀基礎說得更為具體：

> 社會行動只能由語言、勞動與統治三者所組成的客觀結構
> 所涵括。傳統的發生……實際上與勞動和統治的體系相關
> 涉。……社會學因此無法被縮減併入到詮釋社會學之中，
> 一方面，我們需要一套參照體系，避免使社會行動的語言
> 符號中介成為行為論中的自然主義觀點，另一方面，這套

參照體系也可以避免將一切的社會進程都納入到文化傳統的作用中[33]。

上述兩段話反映出的意涵是：「高達美宣稱『哲學詮釋學的普遍性』，哈伯瑪斯則認爲『詮釋學意識是不完備的，因爲它並無法反思到詮釋學理解的限制』。」[34]此處的限制，即是在第一段引文中所提到的，即便社會的實在亦是以語言符號爲中介，但除了語言之外，尚有勞動與統治的政經要素影響歷史傳統的生成與行進方向。換言之，哈伯瑪斯承認語言符號做爲社會行動的底基，甚而肯定高達美的語言觀，例如， 翻譯與對話模式，認爲其開啓了相互溝通理解的積極可能性。然而，正因爲語言做爲社會行動的底基，其也總是意識形態所加以利用的媒介，哈伯瑪斯在此並非認爲哲學詮釋學無法進行理解與認知活動，而是認爲哲學詮釋學所理解與認知到的實在 （truth）常是意識形態作用下的結果，而原因就在於其忽略了勞動與統治的要素將扭曲我們經由語言所認知和理解到的結果。

針對哈伯瑪斯的詰問，高達美的回應是：傳統是個不斷擴充與發展中的實在，因此傳統與對傳統的反思之間並非是一種全然相對的關係，亦即傳統並非作爲一個被反思的客體而存在。如同哲學詮釋學始終主張的，我們是站在歷史巨人的肩上立定眼前並籌劃未來，視域的侷限性所指出的，不是理解的備受限制，而是人與歷史、現在與傳統的不可分割性，倘若將傳統與對傳統的反思硬置於相對立的立場，這便是一種獨斷的客觀主義，其只會扭曲反思的眞正意義。一個進行理解和詮釋活

動的詮釋者，從來就無法將其理解自詮釋學處境
（hermeneutical situation）的歷史關聯中反思出來[35]。換言之，
無論是對歷史流傳物的理解，或者針對此理解所進行的反思，
二者都無法立於過去和傳統之外，亦即無法立於實效歷史的作
用之外進行。實際上的情況是：一個人愈是意識到其詮釋學處
境的侷限性，他就與此處境更加地勾連難解。故而高達美說：
「理解本身就是事件，只有天真的、未經反思的歷史主義，才
會在歷史詮釋學科學中看到一種揚棄傳統力量的全新東西。」
[36]實效歷史意識的作用，視域的侷限，都不會窒礙詮釋學反思
的進行，原因就在於詮釋學反思是建立在語言的普遍性基礎
上，因著語言承載一切，傳統與現代之間就不會形成斷裂，也
因此，一切的認識都是對該認識的再認識，而反思便於這再認
識的過程中發生。

　　至於哈伯瑪斯指稱高達美承認權威和前見的做法是種保守
主義的表現，詮釋學反思因此並無法真正對社會中不合時宜的
制度觀念或規範加以批判，進而滌除，甚至實效歷史意識的存
在本身就表現為一種意識形態，其使得存在於傳統中的獨斷規
範得以繼續行使其宰控力。關於此，高達美認為，因著啟蒙而
來的權威與理性之間的抽象反命題（abstract antithesis）關係
其實是值得商榷的。無可否認，權威時常經由各種形式，諸
如：教育體系、政治軍事命令，以及宗教活動等形成社會宰制
的力量，甚至在某些情況下，權威會以「典範」（paradigm）
的面貌出現，但這正是問題所在，為何權威經常以組織性、制
度性的面貌出現，而不僅僅是種一鎮壓的強力？究竟權威是如

何形成的？高達美的觀點是：權威的形成是個承認
（acknowledge）與否而非順從（obedience）與否的問題，權
威不來自於獨斷的壓制，而是來自於獨斷的承認。這種對於權
威的承認之所以形成，原因無他，僅僅因為一個人視權威的存
在較所謂知識的探究或真理更為重要。在此情形下，承認權威
並非盲目順從的結果，而是一種自由的選擇。當然，這並不代
表高達美認為所有的權威都應該被保留，他只是認為「權威總
是基於自由的認識與理解」[37]，因此，他認為哈伯瑪斯在這一
點上誤解了他的想法，因而引申出權威或成見是以傳統為基礎
而行使宰控力這樣一個觀點，並據此批判高達美的權威論將使
得一個人的所有作為都成為在自由理智的運作下，選擇屈服權
威的結果，哈伯瑪斯質疑這種情況發生的可能性，並且即便可
能，則理性反思又要如何進行？

關於上述質疑，高達美首先反問哈伯瑪斯所指的反思究竟
為何，是因著既定觀念與經驗之外的可能性而引發的意識自
覺？還是對於傳統的徹底解消？尤其當哈伯瑪斯說：「權威可
以經由合理的決定，脫離政治力的強制宰制。」[38]時，高達美
更無法明確瞭解哈伯瑪斯所說的權威和針對權威的反思究竟為
何物，因為這句話似乎暗示了哈伯瑪斯在批判權威的同時，又
可以接受某種形式的權威。再者，假使哈伯瑪斯所說的反思是
對一切權威的批判與解消，這就又形成了另一種獨斷論。哈伯
瑪斯認為高達美主張語言性的表述決定了生活中的一切實在，
但這其實並非高達美的本意，高達美指出：「就如同沒有人會
否定近代科技的發展徹底改變了我們的世界，影響了我們的語

言，這說明了並非只有語言性表述的意識才能決定一切的實在，而是真正具有強制力的社會實在，大抵是以一種語言性表述的意識為面貌呈現出來。」[39]因此，「實在不發生在語言背後，實在發生在語言之中。」[40]

對理性與科學性的稱揚是現代性的重要特質之一，舉例而言：培根主張根據經驗歸納原則，人們可以得知經驗世界中的真實面貌；笛卡兒的主體意識，則主張人們的理性思維可以反省經驗界中的種種假象，並區分出人類與其他萬物不同的主體性存在；依據牛頓對自然世界規律性的揭示，人文世界彷彿也可也可以分析出一套如同在自然世界中運作的規律性秩序。基本上，這些觀點背後所隱藏的立場是：人類作為一個認知的主體而存在，其他人類之外的存有無論是外在宇宙自然，或者內在歷史傳統，則都是作為相對於此認知主體的被觀察、分析與反思的客體而存在，但這樣的觀點在高達美看來其實存在著一些問題：

首先，高達美認為，生活的實在是發生在語言性當中，而語言是一種屬人與屬處境的存有，依此看待前述觀點，則其顯然會陷入一種過於樂觀與過度簡單化了人文生活豐富面貌的謬誤，這不僅為高達美所反對，且亦是哈伯瑪斯所欲批判的理性主義的意識形態。再者，片面視傳統為一阻礙進步的非理性因素，則是會在傳統與建基在歷史意識之上的反思之間畫下鴻溝，截斷現下與傳統之間的連結，然而實際上，傳統並不是一個與當下斷裂並因而被反思的客體，亦不是一個近乎自然本質，而可以被用科學方法所要求的客觀性所加以檢視的存有，

實際情形是：傳統與對傳統的反思並不相悖，甚而如同高達美所言，有時對傳統的改變而非維護，更能表現出與傳統之間的聯繫。在此意義下，哲學詮釋學對於前見、傳統甚而權威價值的重新估量，就不能僅被單純地視為一種保守主義的作為，而是反而更接近於法蘭克福學派成立之初的精神：對啓蒙的理性觀點予以辯證性地反思[41]，並且這種反思的目的，實際上並非否定理性的存在及其價值，而是相反的予以進一步地證明。

第四節　意識形態批判

在上一段敘述中，哈伯瑪斯批判高達美的前見、權威、傳統與實效歷史原則缺乏反思力量，但在高達美看來，哈伯瑪斯的問題卻在於其批判現代科學及其方法意識的同時，又不自覺地接收了自然科學方法論中對於反思意義的界定。舉例而言，哈伯瑪斯將批判詮釋學對意識形態所進行的批判等同於在精神分析過程中所進行的解放性反思，這就表現為一種方法論上的異化，這種異化造成了批判詮釋學與其所面對的社會現象之間的緊張關係。並且，高達美進一步追問道：批判詮釋學質疑哲學詮釋學的反思力量，然而批判詮釋學所主張的反思就比較具有公正與客觀性嗎？或者，真有人能跳脫到自身視域之外，進行純然客觀的反思與批判嗎？在此，高達美所欲表達的是：共同的理解與提昇顯然要比站在圓圈外批評遊戲無趣來得更為重要！哈伯瑪斯認為實效歷史意識預設了歷史的終極意識，彷彿

人們只能任由傳統不斷發揮作用，任由權威不斷形成宰制，然
而高達美卻認為，即便歷史不斷產生實效，但卻不會令我們被
窒限在一種缺乏創造性的反覆輪迴中，原因就在於詮釋學反思
並非僅是一種意識的覺醒，而是更重要的對當下處境的明白體
認，倘若不能先看清自己，則我們又要如何進行反思與批判
呢？

　　然而，倘若我們自高達美的觀點中跳出，我們就會發現，
在高達美所指稱的詮釋學經驗的生活世界中，無論如何，的確
時時存在著不合理權威？或如哈伯瑪斯所稱的意識形態的宰控
作用。並且，正因為意識形態總以一種不易為人所覺的姿態進
行其宰控，在此情形下，我們便似乎無法真正做到哲學詮釋學
所揭示的對自身處境的明白體認。換言之，如同Warnke所言，
即便高達美闡明了此有進行理解的處境，但這並不意味著他也
同時也說明了意識形態是如何地作用在此有的理解過程中。因
此，我們不禁得問：「當面對生活中不義的對待，當所處社會
每日上演著乖張而毫無道理的荒謬鬧劇，甚而當我們偶而無知
於自身的真實處境，而於圓圈中快樂歌唱時，我們除了等待歷
史的實效反思之外，還能做些什麼？」而這也就是為何在這一
節中，我們必須對哈伯瑪斯關於意識形態的批判加以探討的原
由。

一、意識形態的形成

　　「意識形態」（ideology）一詞的出現，是源自於十八世紀
末法國思想家特拉西（Destutt de Tracy, 1754-1836）的闡述。

在啓蒙的影響下，特拉西認爲正確的觀念有助於人們突破迷思、對抗強權，以建立一個公平正義的社會和國家，這種正確的觀念特拉西稱之爲意識形態，意指一種理想、正確的觀念或意識。由此可見，在特拉西的思想中，意識形態擁有一種正面的存在意義。但與此同時，意識形態也具有一種相對的負面意義，它意指一種宰控的、隱匿眞實的力量，馬克思便是立於此一立場對意識形態進行批判，認爲意識形態是「一種顚倒事實之產物，是眞實形象之倒影，亦即爲掩飾眞實情況的一套觀念體系。」[42]

　　哈伯瑪斯對意識形態的批判基本上即是承繼了馬克思這一派的觀點。簡言之，他認爲意識形態的形成大抵經歷了三個階段[43]：首先，是一種心理說服的過程——無論是藉助文字傳媒的宣傳、生產方式的過渡，或者政權的遞嬗，藉此進行一種符號化（symbolization）的奠基；在第二個階段中，有形的強制力量開始作用，努力除去社會中的異議，務使個別的意向歸於同一，這是非符號化（dessymbolization）的整合；最後，隨著時間的推移，意識形態逐漸成爲一種客觀而無形的存在，人們的一切意識觀念與價值取向皆受其影響但卻又不自知，此時的意識形態已經成爲孔恩觀念中的「典範」[44]。對哈伯瑪斯而言，意識形態的存在便意味著宰控力量的形成，並且，無論是有形或者無形的宰控，意識形態都會因爲一種不平衡的權力關係造成扭曲、不對等的溝通模式，這種扭曲的溝通尤其常以語言、勞動與統治關係爲中介展現出來，批判詮釋學對意識形態的批判，便是基於一種解放（emancipatory）的旨趣，打破此

一不平衡的權力關係，重建溝通的理性與理想的言說情境，將
人們自壓制的力量中釋放出來。

二、技術與科學作爲意識形態[45]

（一）幾個相關概念的闡述

在哈伯瑪斯的思想中，有幾個概念的意涵彼此相互聯繫，
這包括了合理性（rationality）、理性化（rationalization）、世俗
化（secularization）、科學（science）技術、（technology）、資
本主義（capitalism）、目的理性行動（purposive-rational
action）、由目的理性行動組成的次系統（subsystems of
purposive-rational action）、建制性結構（institutional
framework），以及建制化過程（institutionalization）等，爲了儘
可能地理解哈伯瑪斯關於意識形態與科學、技術之間關聯性的
探討，我認爲有必要在此先簡略陳述這幾個概念以及其相互之
間的意義聯繫。

哈伯瑪斯曾經在〈技術與科學作爲意識形態〉一文中指
出，韋伯（Max Weber）提出理性化的觀點，試圖說明在傳統
社會步入現代化（modernization）的過程中，由於科學和技術
的不斷推進，以致於對社會的政治制度以及經濟的生產結構產
生了重大的影響和變革[46]，並且，此理性化的過程與建制化過
程緊密相扣。所謂的建制化過程指的是：「由目的理性行動組
成的次系統（以下簡稱次系統）的建制化。」而次系統意指：
「相對於傳統社會中的建制性結構的另一種存在架構。」至於

建制性結構，顧名思義，指的是一種具有全面影響力或掌控力的組織制度、觀念體系，甚而宗教意識，這諸多的內涵組成了傳統政治權威的合法性（legitimacy）基礎。次系統相對於建制性結構，其與後者同樣存在於傳統社會中，但卻不是一開始就具有如同後者一般強大而全面的掌控力，而是經由韋伯所說的理性化過程——哈伯瑪斯認為那即是次系統的建制化過程，次系統於是亦取得如同建制性結構一般的地位。科學及其技術的充分發展以致於擴及人類生活的整體面向，尤其反映了這種次系統建制化的過程，其帶來的轉變包括了：科學所推崇的理性意識對傳統政治權威進行質疑與批判、經濟勞動的世界取代了傳統的宗教世界，神的國度隱退，以及一種由於對技術理性（technical reason）的強調而形成的經濟機械論（economic mechanism），主張透過有效的技術控制，大量提高生產力，以滿足人們的物質所需，進而維持社會的持續穩定發展，資本主義的生產體制便是在此背景條件下得以發揮至極限。

綜上所述，哈伯瑪斯於是認為韋伯所說的理性化過程至少包括了如下兩種意涵：首先，是經濟機械論的盛行，這反映了技術控約意識的發展；其次，是因著技術理性或經濟機械論而來的次系統的建制化，這種建制化過程為傳統的建制性結構提供了一種新的、經濟向度上的合法性。換言之，統治者不再講君權神授，或貴族與庶民之間的階層關係，而是改以提高經濟生產力、滿足人民的物質需求來維繫其統治權力，亦即以資本主義下的經濟生產體制為舊有的建制性架構提供新的合法性基礎[47]。哈伯瑪斯認為，上述兩點正是資本主義的生產體制在當

今社會中取得其優位性（superiority）的關鍵因素，依此，則韋伯所言的理性化的另一層意涵，其實就幾乎就等同了資本主義生產體制全面深入生活世界的過程。

（二）馬庫斯對韋伯的批判

承上所述，韋伯認為現代化的過程即是科學與技術充分展的過程，亦即是一種理性化的過程，雖然因之而來的資本主義的生產體制也產生了一些病徵，諸如：對自然任意無限開發的態度、資產階級對勞動階級的不當剝削，以及不平均的財富分配結果等，然而對此，韋伯也曾經提到：「近代合理的資本主義不僅需要生產的技術手段，還需要一種合理的法律制度和一種依據於正式規章的行政管理制度。」[48]言下之意，資本主義生產體制的病徵是可以經由制度管理的方式得到紓解的，並且，一旦病徵解除，則這種生產體制仍是一種能夠增進人們生活文明的良善體制。於是我們會發現，基本上，韋伯對於科學與技術的發展，以及與之深刻相關的資本主義生產體制抱持著較為正面肯定的態度。然而，這種觀點卻受到馬庫斯的質疑和批判，哈伯瑪斯在〈技術與科學作為意識形態〉一文中提到這一點，而馬庫斯的觀點則也正好反映了哈伯瑪斯的想法。

馬庫斯認為，韋伯所說的理性根本就不是一種真正的理性而僅是一種理性的意識形態（rational ideology）。一方面，這種理性所表現出來的是一種技術理性（technical reason）的向度，其所關心的僅是策略的擇取、技術的採用，以及如何有效地建立起一套運作的制度或體系，關於人類存在的價值與更深

層的文化內涵等，則不是這種技術理性所關心的課題；另一方面，因著技術理性所強調的一種盡其可能的技術控制（possible technical control），則其必然表現爲一種宰控（dominate）的力量，無論是對於自然的宰控，或是對於人類社會的宰控皆然，目的理性行動即是這種宰控意識的具現。

　　問題是，這種技術理性的意識形態如何而來？其又是如何成爲一種宰控的力量？馬庫斯認爲，近代科學被予以先驗地建構（a priori structured）爲如下意涵：「科學是一種生產控制的概念工具，是理論運作與實際行動的結合。」[49]簡言之，因著科學及其技術的發展，我們可以將大自然娶回家中，令其爲我們多生子女。問題就發生在此！原本生產力的累積與科學技術的推進便是一體的兩面，亦即：因著科學技術的發展，人們的生產力於是得以大幅地推進；另一方面，提高生產力的要求仍不斷提出，科學與技術於是又必須更進一步地發展。在此過程中，對自然的宰控會進一步擴充爲對人的宰控，原因是：提高、再提高生產力以滿足人們的物質需求成爲唯一的行動目標，任何有礙於達成此目標的因素都被視爲是不理性的，而這就表現爲一種理性的意識形態。並且，「這種意識形態在生產過程中逐漸得到具體化。」[50]因著這種理性的意識形態，生產力的提高與否遠重要於生產關係的平衡與否，因此，不當的剝削關係是可以被接受的，休閒時間的被過度刪減也是可以忍受的，因爲只要可以提高生產力，一切的不合理都可以被視之爲是理性的。要之，馬庫斯認爲，科學所宣稱的理性總表現爲一種宰控的技術理性，並且，這種宰控之所以能以一種「理性」

的假面出現，就在於其立基於生產機制的維持上。換言之，資本主義生產體制中的生產關係被認定爲有利於人類整體物質生活的推進，故而是一種理性所認可的生產關係，然而實際上，現代科學所宣稱的理性，卻早已被資本主義的過於強調以技術控制來提高生產力的訴求所扭曲了，如同馬庫斯在《單向度的人》一書當中提到的：

> ……統治不僅透過技術而且作爲技術來自我鞏固和擴大；而作爲技術就爲擴展統治權力提供了足夠的合法性。
> 在這個領域內，技術也使人的不自由處處得到合理化。它證明人要成爲自主的人，要決定自己的生活，在技術上是不可能的。因爲這種不自由既不表現爲不合理的，又不表現爲政治性的，而是表現爲對擴大舒適生活、提高勞動生產率的技術裝置的屈從。因此，技術合理性是保護而不是取消統治的合法性，理性的工具主義世界展現出一個合理的極權主義社會。[51]

（三）哈伯瑪斯的觀點

馬庫斯提到：「技術上的先驗即是一種政治上的先驗。」（The technological a priori is a political a priori.）[52]用以說明因著科學與技術的發展而形成的技術理性表現爲一種經濟生產關係的意識形態，其不僅未將人們自傳統的建制性結構中釋放出來，甚而爲後者奠定新的合法性基礎。上述觀點提供了哈伯瑪斯對意識形態進行批判時的靈感，他曾經說道，馬庫斯是第一

位提出在資本主義社會中技術理性的政治面向的學者，指出了生產關係與政治關係之間的緊密聯繫。基本上，哈伯瑪斯認同馬庫斯在這一方面的觀點，然而，他更一步指出了在目的理性行動中被具現出來的理性概念，實際上擴及了生活的各個層面，而技術理性的政治意涵只是其中的一個面向而已，因此，若要真正釐清韋伯理性化的概念，探究科學和技術成為宰控意識的過程，則就必須先釐清互動與勞動之間的差異。

　　根據哈伯瑪斯的觀點，所謂的勞動即是一種由目的理性構成的行動（purposive-rational action）。其首先會在現實條件下設定某個欲達致的目標，而後對各種可能達致目標的策略進行分析、評估，最後再根據分析評估的結果，自各種策略中選擇出一項最有效率的途徑，以達致目標、完成任務。互動不同於勞動，其需要的不是策略的評估選擇和技術的控制，而是經由溝通行動──尤其是經由日常語言的溝通──而達致的相互理解與認同，傳統社會中的社會規範或普遍共享的價值觀即是經由交往互動的溝透過程而得出的結果。

　　依上述觀點重新詮釋韋伯的理性化，則將發展出兩種不同的面向：在勞動體系中，理性化意味著生產力的提昇，與技術控制能力的擴充；在互動交往的體系中，相對於傳統社會中的某些制度組織與價值規範可能形成的宰控力量，理性化意指了對這些宰控權威的反動，與個人自主性的解放。現代科學與技術之所以成為一種宰控的意識形態，就在於其發展出來的技術控約意識（technocratic consciousness）解除了這兩種行動體系之間的差異[53]。一方面，原本不同面向的兩種需求──提高生

產力來滿足人們的物質生活，以及將人們自傳統的權威宰控中
解放出來──被混爲一談，彷彿引循了科學的理性方法，提高
了生產力，個人的自主性便同時得到了確認；彷彿所有的政治
社會以致於文化問題，都可以被化約爲經濟問題來探討：另一
方面，因著科學的技術理性而來的技術控約意識除了形成生產
關係上的機械論主張外，在政治上，執政者也以同樣的心態和
方式對人民進行統治與宰控，哈伯瑪斯明白指出：科學與技術
的意識形態在實際上爲傳統的權威宰控換上新衣，奠定新的合
法性基礎，在此過程中，我們得到的其實只是一種假象的民
主，其原因在於：

　　首先，如前所述，在傳統逐漸步入現代的過程中，在科學
與技術理性作用日盛的影響下，次系統的建制化使得傳統原有
的建制性結構的合法性受到質疑而成爲缺乏說服力的存在，取
而代之的是技術理性（目的理性）的新標準。換言之，傳統社
會中的互動網絡以及互動形式，都逐漸從屬於一種工具性或策
略性的要求，目的理性行動取代了傳統的互動交往行動。在此
情形下哈伯瑪斯認爲韋伯所說的世俗化（secularization）實際
上隱含著兩種面向：其一，是指宗教的世俗化，亦即宗教內化
成一種個人的信念，而不再是教會掌控下主導政治、社會與生
活諸多面向的權威力量；其二，世俗化意指由現代科學理性引
發的對於傳統的批判，這除了有對舊有權威（宗教亦在其中）
的挑戰外，更重要的是對新的生產模式的高度肯定。哈伯瑪斯
指出，正是後者使得科學與技術成爲一種具宰控力量的意識形
態。原因是：一方面，新興的科學與技術對傳統的社會規範和

價值觀採取了幾乎全盤否定的態度，因此，就在科學與技術批判傳統社會中建制性結構的同時，其自身就表現為一種新的意識形態，彷彿只有科學理性才是唯一的理性標準。另一方面，對於資本主義生產體制的高度肯定，使得一切當中不合理的生產關係都在提高生產力的要求下被予以忽視或合理化，如同馬庫斯所言人們不再順服於傳統的權威中，而改以順服在一種假象的幸福意識裡[54]。甚而，因著資本主義的盛行，人們也開始以一種物質衡量的眼光看待經濟生產關係之外政治關係，亦即：以經濟上的生產與交換關係詮釋政治上的統治與被統治之間的關係，為傳統權威奠定新的合法性基礎，而這就造成了一種弔詭的情境：在批判傳統的同時，又為傳統穿上新衣。或許我們可以如此說：在批判傳統獨斷的同時，科學與技術其實是接手了傳統建制性結構的優位性，而成為另一套具宰控力的意識形態。

其次，哈伯瑪斯指出，19世紀末的資本主義國家開始發展出兩種政治傾向：其一，是政府力量的開始介入，藉以確保資本主義生產體制的持續穩定發展；其二，是理論研究與技術的緊密結合，使得科學成為當今主要的生產力量[55]。其中因著政府力量的介入，今日的資本主義與當初自由放任的資本主義體制其實已有著相當不同的面貌，然而我們卻會發現宰控的力量仍在，究其原因，哈伯瑪斯提出了如下看法：

原本自由放任的資本主義之所以將不平衡、被扭曲的生產關係視之為合理的存在，其原因就在於一種公正的交換（just exchange）的意識形態的作用，這種意識形態主張資本主義的

市場經濟體制是一種等值互惠的交換體制，人們可以自由選擇
以貨幣交換等值的貨物，或以勞力交換等值的薪資，然而眞實
情況並非如此，因爲最根本的問題在於：「有太多的東西實際
上並無法以貨幣的價值加以衡量。」這種意識形態造成的結果
是如同馬庫斯所說的：「重要是的交換價值，而不是眞實的價
值。」[56]並且，因著不平衡的生產關係，長久被剝削的工人意
識開始覺醒，其組織工會與資本家進行交涉、抗衡，甚而發動
罷工運動，令生產活動停擺[57]。人們開始意識到倘若任由市場
經濟體制自由放任地發展下去，則將引發社會階級之間的嚴重
衝突，隨之而來的是對現行體制的強大衝擊。因此，爲了維繫
現行體制的繼續運作，政府的適當介入便成爲一種必要的作
爲。這其間隱含了兩層意義：一方面，政府的必要介入顯示了
經濟問題仍舊無法脫離其政治向度，而非如同人們原先所認爲
的那樣，一切現象都可以用經濟的生產與交換模式加以詮釋；
另一方面，政府力量的介入爲的是消弭階級之間的衝突，以維
繫資本主義經濟體制持續穩定的發展，故此作爲的前提觀點仍
是：「經濟發展因素是社會能否維持穩定的根本要素。」該處
有一項值得進一步探討的議題是：姑且不論上述的前提觀點充
全與否，消弭衝突的動作是否必要？關於這一點，哈伯瑪斯引
用Claus Offe的觀點指出，衝突有時具有其正面的意義，因爲
衝突可以將社會中隱匿未見的問題揭露出來，減低因爲對現行
體制的失望而引發的危險結果——例如，革命或顚覆現行體制
[58]。更何況，政府介入的結果實際上並未消弭階層之間的衝
突，而是令其蟄伏起來，隱匿在生活方式、價值觀取向，甚而

政治態度之中。哈伯瑪斯認為，時至今日，維繫現行經濟體制的運作已非僅是某一階層所欲達致的目標，因此，我們無法如同馬克思一般僅將社會衝突視為一種階層之間的衝突，實際上的情形視：因者科學與技術的目的理性和政府適度介入的要求而發展出的新的資本主義體制，已不再是以一種經濟剝削的方式對人們進行宰控，取而代之的，是一種技術與制度的宰控，並且在此演變的過程中，人們的政治意識實際上正逐漸地被消弱（depoliticize）。在維繫現行體制，提高生產力的唯一「理性」前提下，如同劉繼先生在簡介《單向度的人》一書中所說的：

> 它成功地壓制了這個社會中的反對派和反對意見，壓制了人們內心中的否定性、批判性和超越性的向度，使這個社會成了單向度的社會，也使得生活於其中的人成了單向度的人。

科學與技術的意識形態發展至此，已不再只是個意識形態而已，而是改以制度組織的面貌，進行實際上的技術掌控。我們當然可以繼續追求物質文明的更豐盛發展，但或許同時也必須由自我催眠的幸福意識中稍稍回復清醒，檢視自身的存在價值是否僅能以物質文明的進步作為唯一的衡量。

註釋

1.曾慶豹著，《哈伯瑪斯》（台北：生智，1998），頁13-14。

2.Jürgen Habermas, *On the Logic of the Social Sciences*, pp. 75-77.我們於是會發現，功能主義所言的意義，實際上就是指某一個事物在組織中所具有的功能而言。因此，對哈伯瑪斯來說，功能主義所宣稱的客觀但又具意向性的行爲模式，實際上只是一種經由刺激而後進行反映行爲，而不是真正具複雜意向性的社會行動，也因此，就某個意義而言，這種被宣稱爲客觀但又具意向性的行爲，其實只是一種工具性行爲的別稱。

3.Ibid.

4.A. R. Radcliffe-Brown, *Structure and Function in Primitive Society*, p.179. 問題是：意識（consciousness）是此有獨有的，抑或細胞基因有有意識？自然存有與社會存有如何在同一基礎上對比其複雜性？並且，人類文化學家以原始社會爲本所進行的對比，如果換成了資本主義的社會，那麼情況會不會有所不同？再者，依照功能主義的論點，生命有機體與所謂的社會有機體是以維繫其存在爲最終意向和目標，但這種意向和目標與所謂的建制性結構——人類文化社會中的價值觀念與行爲規範——的意向和目標是否相同？對哈伯瑪斯而言，答案顯然是否定的。

5.Jürgen Habermas, *On the Logic of the Social Sciences*, p. 78.

6.Alan How, *Habermas-Gadamer Debate and the Nature of the Social*, p. 117.另陳文團教授亦曾在〈論人類之合理性——哈伯瑪斯之共識理論〉一文中說道：「他（哈伯瑪斯）也同意，精神科學的目標應該

是理解，而不是『純認知』；而理解的工具除了語言之外，別無他者。……因而，任何對於人類合理性的理解首先是在語言理解中才是可能的，而不是在數學的抽象公式裡。不同於數學或物理學，語言是歷史的而且是社會的。換言之，語言是人類理解之最普遍的形式。」參見《哲學雜誌》，第十八期，頁76，1996年11月。

7. 參照第二章註50。

8. 在《真理與方法》一書中，高達美認為施萊爾馬赫所進行的是一種孤立理解的任務，在這樣的理解詮釋過程中，詮釋者所進行的僅僅是藉由一種創作行為的模仿，對原來的生產品進行再生產，對已認識的東西的再認識，這一方面不僅將詮釋者的自身志趣與時代背景因素全然抹除（實際上，前見觀點也說明了這種作為的不可能），亦使得被理解的內容成為一封閉的整體。換言之，一種所謂終極完整理解的呈現，其實亦同時宣告理解任務的結束，再也不可能有新的東西會出現。

9. Alan How, *Habermas-Gadamer Debate and the Nature of the Social*, p. 118.

10. Ibid., p. 119. Alan How指出，哈伯瑪斯認為，自我（ego）必須在社會生活當中，於同一性和非同一性之間，不斷進行經驗與詮釋我們自身的存有。換言之，個別自我的同一性並非與生俱來的，而是在主體際的互動過程中逐漸形塑而成的。在此，我們再次見到了哈伯瑪斯對高達美哲學詮釋學觀點的採用。高達美認為我們存在的詮釋學經驗是一種辯證性的經驗，亦即我們總是在既熟悉又陌生的生活經驗當中，在彼此視域的衝突與融合中，逐漸構作自身的生命圖像。

11.Ibid. Alan How且指出，在 *The Idea of A Social Science*一書，以及在 "Understanding A Primitive Society" 一文當中，維根斯坦學派的學者Peter Winch其實亦有意識到語言規則的運用，不該僅是一種公式的套用，並且，在進行對異文化的理解時，也的確有一種前見因素在起作用，不同的文化社會絕非是各自孤立自成的存有。

12.表面上看來，哈伯瑪斯似乎如同高達美一般，認為真正的詮釋與理解活動的進行，意味著永不可能有一最終完美的意義整體的出現；在理解與詮釋的過程中，我們所有的僅是暫時的整體與多重的詮釋，這也就是高達美所強調的文本的開放性（openness of the text）。但實際情況卻是：哈伯瑪斯認為，一種對於理想的理解（ideal understanding）的期望是必要的。亦即：對高達美而言，理解活動的進行，意味著不同理解的出現；哈伯瑪斯則認為，理解應當預設了某個意義整體的完滿實現，或至少是一個更好的理解，而非僅是一個不同的理解。關於這方面的探討，可以參見David Couzens Hoy, *The Critical Circle: Literature, History,* pp. 119-121.

13.Alan How, *Habermas-Gadamer Debate and the Nature of the Social,* p.121. Alan How, "Ordinary language has the power of transcending itself…… for its task is to embrace what is alien."

14.Jürgen Habermas, *On the Logic of the Social Sciences,* p. 144.此處的 "particularities" 筆者暫且譯為專述性或各殊性，原因是其至少具有下列二層意涵：其一，語言的專述性意謂著一個能指對應一個所指，換句話說，此處語言的專述性和語言的歧義性相對。然而

如前所述，哈伯瑪斯認為，正是語言的歧義性而非專述性開啟了主體際相互對話與溝通的可能性。其二，哈伯瑪斯強調，在日常語言的運作過程中，會呈現出一種理性的自我超越的傾向，亦即：語言並不自限於原初的符號系統中，並甚而重新反思原初系統的意義內涵，換句話說，日常語言的自我超越傾向，說明了一種普遍溝通的可能性，我們或可以藉由對自身文化社會中語言運作的反思，來達致這種普遍的溝通與理解。

15. Alan How, *Habermas-Gadamer Debate and the Nature of the Social*, p. 122.

16. H-G Gadamer, "The Power of Reason", *Man and World* Vol. 3., translated by H. W. Johnstone, p. 15.

17. Jürgen Habermas, *On the Logic of the Social Sciences*, p. 148.

18. 相關的討論尚可參見Georgia Warnke, *Gadamer: Hermeneutics, Tradition and Reason*, pp. 108-111.

19. Alan How, *Habermas-Gadamer Debate and the Nature of the Social*, p. 126. Alan How指出，聯繫過去與現在相同與相異之間的鴻溝者，並非一套所謂明確的方法論，而是我們的歷史存有本身。

20. Jürgen Habermas, *On the Logic of the Social Sciences*, p. 153.

21. Alan How, *Habermas-Gadamer Debate and the Nature of the Social*, p. 127.

22. Ibid., p. 125.

23. Jürgen Habermas, *On the Logic of the Social Sciences*, pp. 153-154.

24. 關於Apel對哲學詮釋學的反思觀點，可以參見Georgia Warnke, *Gadamer: Hermeneutics, Tradition and Reason*, pp. 117-124.

25. "Scientistics, Hermeneutics and the Critique of Ideology: Outline of a theory of Science from a Cognitive-Anthropological Standpoint", *Towards a Transformation of Philosophy*, edited by Glyn Adey and David Frisby（Routledge and Kegan Paul, 1980）, p. 5.

26.Georgia Warnke, *Gadamer: Hermeneutics, Tradition and Reason*, p. 121.

27.「解釋」（explanation）對哈伯瑪斯來說十分重要，因為他認為，能夠清楚解釋行動發生的原由，就等於清楚瞭解了造成該行動的因素，因而，如果這是一個會壓抑原初行動的因素，那麼我們就知道該在哪裡把此因素給去除掉。

28.Jürgen Habermas, *On the Logic of the Social Sciences*, pp. 166-167.因此，如同陳文團教授所說：「對他（哈伯瑪斯）而言，社會科學與自然科學的分離毋寧只是策略上的必然性罷了。」參見〈論人類之合理性───哈伯瑪斯之共識理論〉《哲學雜誌》，第十八期，頁74。

29.同上註，頁77。

30.參見《國立政治大學哲學學報》，第五期，1999年1月，頁61。

31.哈伯瑪斯認為，高達美的歷史與前見觀點（理解的循環）主張我們不可能在毫無基礎的前提下進行理解活動，以及所有的觀察與理論建構都必須受到傳統的影響，這就粉碎了實證主義對社會實際面向進行全然客觀與價值中立的解釋的宣稱，並且正是在這一點上，哲學詮釋學得以產生其積極意義，而成為批判詮釋學的輔助學科。

32.Jürgen Habermas, *On the Logic of Social Sciences*, p. 173.

33.Ibid., p. 174.

34. "The Hermeneutic Claim to Universality", *The Hermeneutic Tradition: from Ast to Ricoeur*, p. 253.（Hermeneutic consciousness remains incomplete as long as it does not include a reflection upon the limits of hermeneutic understanding.）

35. "Rhetoric, Hermeneutics and the Critique of Ideology", *The Hermeneutics Reader*, p. 284.

36.Ibid., p. 282.

37.Ibid., p. 286.

38.Ibid., p. 287.

39.Ibid.

40.Ibid.

41.法蘭克福學派第一代的兩位核心人物霍克海默與阿多諾合著《啟蒙辯證》一書，對啟蒙所倡導的理性精神予以辯證性地反思，認為其不僅未能夠真正將人們自先前的不自由與恐懼境遇中帶出，且反而將人們推入另一種新的制縛裡，科學與技術由對自然的宰控延伸至對人本身的宰控，即是明顯的例子。

42.參見李明政著，《意識形態與社會政策》（台北：洪葉文化事業有限公司），頁20。另參見李英明著，《哈伯瑪斯》（台北：東大圖書，1992），頁80-81。

43.同上註。

44.參見第一章註8，以及李英明著，《哈伯瑪斯》（台北：東大出版，1992），頁79。

45. "Technology and Science as Ideology", *Toward to a Rational*

Society. 此部分中對於哈伯瑪斯觀點的闡述大抵出自這篇文章。

46.Ibid., p. 90.

47.Ibid., pp. 97-98.

48.Max Weber著，《文明的歷史腳步》（三聯文庫出版），頁90。

49.參見赫伯特‧馬庫塞著，劉繼譯，《單向度的人》（台北：九大桂冠聯合出版），頁156。另參見"Technology and Science as Ideology", *Toward a Rational Society*, p. 84.此處的先驗非如康德所言先於經驗，而又使經驗成為可能者，而是意指現代科學被認定的意義實際上是非常值得商摧的。

50.《單向度的人》，頁187。

51.同上註，頁83。

52.Jürgen Habermas, "Technology and Science as Ideology", *Toward a Rational Society*, pp. 84-85.以及《單向度的人》，頁157。

53.Ibid., p. 98.

54.馬庫斯認為隨著科學與技術的充分發展而形成的技術理性，實際上並未帶給人們當初科學所承諾的那種自由，真實的情況是：「人們在幸福意識（the happy consciousness），即相信現實的就是合理的，並且相信這個制度終不會付所望的信念，反映了一種新型的順從主義（conformism）。」參見《單向度的人》，頁89。

55.Jürgen Habermas, "Technology and Science as Ideology", *Toward a Rational Society*, p. 100.

56.《單向度的人》，頁64。

57.參見J. Servier著，吳永昌譯，《意識形態》（台北：遠流出版），頁144，工人意識的覺醒。

58.Jürgen Habermas,"Technology and Science as Ideology",*Toward a Rational Society*, p. 108.

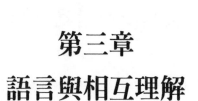

第三章

語言與相互理解

第一節　哈伯瑪斯的溝通理論

　　讓我們承繼上一章中最後一節哈伯瑪斯對意識形態的批判，由經濟層面延伸至政治層面，甚而文化、社會層面，哈伯瑪斯的觀點是：「意識形態為不易為人所察覺之宰控力，往往造成了一種系統扭曲的溝通（systematically distorted communication），小則令我們個人存有的自由性受到威脅，大則隱匿或削減了我們存有的合理性，阻礙了整體社會進步的可能性。」面對意識形態無形又可怕的宰控，哈伯瑪斯進一步指出，我們或許可以藉由一套與社會實踐層面緊密相扣的溝通理論的建立，來對此意識形態進行有效反思，使系統扭曲的溝通回復為一種無壓制、自由的交流，如同McCarthy所言：「哈伯瑪斯的整個籌劃—從對近代科學主義的批判，到對歷史唯物論的重建第四章　語言與相互理解都是建基在提供一套既具理論性（theoretical）亦具規範性（normative）的溝通論點的可能性上。」[1]換言之，哈伯瑪斯的溝通理論，即旨在為批判詮釋學甚而整個社會科學理論提供一個理論性與規範性的有力基礎。但問題是：何以他將焦點鎖定在溝通的議題上？亦即：何以他認為我們可以在溝通的觀點中呈現出社會化的歷程？使社會中規範性力量的建制化過程落實到一種理想的溝通情境中？又何以我們能以一種溝通推進的歷程來說明世代之間的交替？總言

之，爲何哈伯瑪斯認爲我們可以經由主體際之間的溝通行動完整呈現出社會中的知識與文化的內涵，並甚而予以推進？關於此，我們或許可以從哈伯瑪斯的一段話略知端倪，他說：

> 將我們提昇出自然之外（raise out）的是……語言。經由它（語言）的結構，自律以及責任被設定到我們身上。我們的第一句話即明白清楚地表述出達致普遍（universal）以及無壓制（unconstrained）共識的意向（intention）。[2]

這段話至少具有如下幾項意涵，而這幾項意涵也將呈現出哈伯瑪斯溝通理論的發展旨趣與大致輪廓：

首先，哈伯瑪斯認爲，語言是使我們由自然存有提昇爲人之存有的關鍵；其次，語言的表述呈現出我們達致無壓制與一致理解的企望，而這兩點其實又是深切相關的。原因是：如同我們在第三章當中所述，即便哈伯瑪斯認爲高達美的語言與傳統觀點會加促意識形態對我們行動的壓制作用，但他仍舊主張語言性是社會構成的本質基礎，功能主義與社會系統理論的論點之所以會陷入自相矛盾的困境中，就在於它們並未正視到社會存有的符號本質，壓抑了人類主體進行詮釋與理解活動的需求，將具有複雜意向性的社會行動化約爲因刺激而產生反應的制式行爲。反過來說，要眞正呈現出社會行動的複雜意向性，使其不被化約爲自然因果律作用下的單純反應行爲，則我們就必須認識到：「任何對於人類合理性的理解首先是在語言理解中才是可能的，而不是在數學的抽象公式裡。」[3]換言之，所謂合理性（rationality）的形成，不該僅僅發生在近代科學及其技

術不斷推進的過程中，而是必須在日常的社會互動過程中——
亦即：在「說話與行動的主體」的日常溝通中被揭示出來⁴。換
句話說，所謂的合理性是在既爲主觀，又是客觀的共識形成過
程中被顯現出來的。之所以是主觀，就在於共識形成的出發點
是個別、主觀的個體，其在與社會中其他主體共同參與的過程
中，經由彼此之間的交往互動（interaction），藉由某些客觀的
判準，逐漸形成被普遍接受的規範或價值觀——亦即「共
識」，而這就表現出一種客觀性。事實上，這也正呼應了哈伯
瑪斯所說的：「我們的第一句話即明白清楚地表述出達致普遍
以及無壓制共識的意向。」這種普遍以及無壓制共識的達致，
說明了我們相互溝通與理解的企望，與除去一切不必要掌控的
批判，其目的都是爲了在主體際的日常溝通行動中，成就一種
不受意識形態掌控的、良善、眞實的生活，而合理性即在此其
中顯露。最後，關於哈伯瑪斯的這段話，尚隱含了一項十分重
要的意涵。他提到：「經由語言的結構，我們於是有了所謂的
自律與責任。」假若依據康德的觀點，自律的存在與可行是來
自於意志自由行使的後盾，則哈伯瑪斯的觀點就說明了：一方
面，我們存在的自由性是來自於擁有語言的同時，亦即擁有的
思想（thought），這使得我們得以對抗自然宇宙的機械因果律
的宰控，而有機會成爲一個「自由的人」；另一方面，這也應
證了先前所說的合理性的社會意涵，亦即：合理性是在社會中
主體際相互交往互動的過程中，逐漸被形塑而出的；綜上兩
點，則哈伯瑪斯所謂去除意識形態的作用，達致一種無壓制溝
通與普遍共識的企望就必須同時包括兩個向度：去除「外在自

然的壓制——其內化到技術控制的過程中」，而表現爲一種技術控約的意識形態（technocratic consciousness）；以及去除「內在自然的壓制——其在社會權力關係的壓抑特質中被反映出來」，而表現爲一種系統扭曲的溝通[5]。至此，我們便大略可知，何以哈伯瑪斯要以溝通理論來面對意識形態的挑戰，並作爲整個批判詮釋學的核心關鍵，其原因即在於：「在今日，語言問題已經取代了傳統的意識（consciousness）問題：語言的先驗批判（transcendental critique），取代了意識的先驗批判。」[6]因爲凡是理解就必然是一種語言的理解；並且，在主體際每一回的溝通行動中，也都寓示了批判理論的規範性目標與解放旨趣——除去所有不必要的掌控，以成就一種良善、眞實的生活境況。

　　承上，則我們在這一部分中所要討論的內容將集中在三個面向：其一，語言作爲理解的基礎；其二，批判詮釋學藉用心理學來應證自身方法論的進路雖不見得可行，但精神分析理論對個人心理問題的探究，卻也的確反映出批判詮釋學在處理社會實踐層面議題時所面臨的相近問題，其中尤其是關於系統扭曲的溝通的探討；其三，我們將暫且不去討論如何進行溝通的進路，亦即哈伯瑪斯的普遍語用學（universal pragmatics）並非本節的重點，我們僅僅將焦點擺在哈伯瑪斯如何藉由對系統扭曲的溝通的分析，以及對一種理想的言說情境的預期，來呈顯出意識形態的宰控作用，以及因此而來的反思，而有了除去意識形態作用的契機。茲分述如下：

一、精神分析理論與批判詮釋學之間的關聯

　　承接第三章第四節中哈伯瑪斯對意識形態的批判，我們會發現，哈伯瑪斯認為，由於意識形態的作用，我們在日常生活中的溝通，往往是一種系統扭曲的溝通，亦即：不存在真正對等、無壓制的交流，有的只是一種不平衡權力關係下的命令與服從。而批判詮釋學的中心旨趣，即是試圖「藉由一套模式，來顯示合理性與非合理性如何在日常的社會互動過程中——亦即：在『說話與行動的主體』的日常溝通中——被揭示出來。」[7]換言之，批判詮釋學期望能在主體際的日常溝通中，尋求合理性的可能性條件，原因是，由於意識形態的作用，原初主體際之間無壓制的溝通系統遭受扭曲，我們因此彷彿失去了溝通的能力（communicative competence），而存有的合理性亦因此而受到隱匿。批判詮釋學的發展旨趣，即是經由語言的中介，重新建立起我們的溝通能力，使我們能在一種理想的言說情境（ideal speech situation）中，解消意識形態的作用。

　　如同先前所述，哈伯瑪斯在建構其批判詮釋學時，時常藉由與其他學者對話論辯的過程，汲取對手的觀點中有助於自身理論的建構者，其中佛洛伊德的精神分析理論即是一例。在上一章中，我們已經大略討論過在哈伯瑪斯的觀點中，批判詮釋學與精神分析理論的相近之處，在這一節中，我們則要進一步探究在精神分析理論中所提出的若干觀點，對哈伯瑪斯溝通理論建構過程的影響與啓發。大抵而言，哈伯瑪斯對佛洛伊德精神分析理論的汲取，為的是「進一步在方法論上證成他對解放

的基礎，統一理論與實踐知識與行動存在與價值主客體……發展出一套所謂批判的詮釋學」[8]，至於佛洛伊德的里比多（Libido）與性學理論則並非哈伯瑪斯關注的焦點所在，他眞正有興趣的，其實是精神分析理論在進行治療的過程中治療關係的作用與方法（the process and method of the therapeutic relationship）[9]。原因是，精神分析的治療關係，並非一種尋常的關係。在精神分析的過程中，治療者與患者之間既不是全然對等的關係，亦不是一種觀察的主體與被觀察的客體之間的關係，然而在這種非尋常的關係中，進行治療的中介，卻又是日常生活中的語言；並且，治療的過程與目標，皆指向一種普遍的特質與溝通的可能性。我們於是會發現，在精神分析治療的過程與方法中的若干特質，似乎都間接應證了批判詮釋學的解放旨趣：

首先，如同在第三章中所言，哈伯瑪斯並不認同高達美的觀點，認爲我們必得時時在歷史的實效作用之下，構作自身的存有。即便高達美主張歷史的實效作用與其說是我們的絆腳石，不如說是我們的踏腳墊，更何況歷史具有一種激濁揚清的反思作用，存留下來的雖不見得都是好的，但不好的成分總經不起歷史的考驗；然而哈伯瑪斯卻認爲，我們唯有透過一種反思的參與才能獲致所謂的客觀性。換言之，我們的存有雖然無可避免地承載了一部分的傳統，但我們仍然必須與傳統之間採取某種距離，才能進行眞正的有效反思。因此，在批判詮釋學當中，我們與社會現象之間，便不會有高達美所說的那種與傳統或經典文本之間的對話關係；但另一方面，哈伯瑪斯所主張

的，也並非是在自然科學方法論中的那種因為強調經驗觀察而使得主客相互對立的關係，他所真正主張的，是要藉由一種「『受到控制的』與對象之間的探距，將理解由前科學的操作，提昇到一種經由反思的操作過程。」在精神分析過程中，治療者與患者之間的關係，似乎就說明了這種反思的操作。原因是，治療者一方面固然必須積極甚而坦誠地投入患者的內心世界中，但另一方面，治療者亦必須與患者的主觀世界保持一定的距離，以對其病徵的原由進行分析解釋，幫助患者回復健康，重拾與公眾之間的溝通能力；其次，如同哈伯瑪斯汲取高達美的語言觀點批判實證論時所主張的，我們不能忽略語言性作為社會構成的本質基礎的這項事實，因此，理解活動必須在語言的中介當中進行，精神分析的治療過程與目標——使患者私有化的語言（private language）轉譯（translate）為普遍的可溝通語言，回復與公眾之間的溝通能力——正好應證了這一點。最後，精神分析的治療過程與目標指向一種普遍的特質與日常溝通的可能性，這也呼應了批判詮釋學期望在主體際的日常溝通行動中達致一致共識的旨趣，而我們存有的合理性也正是於此共識的形塑過程中不斷地被揭示出來。

二、系統扭曲的溝通

我們可以進一步藉由精神分析理論與批判詮釋學之間關聯的探討，來理解在哈伯瑪斯觀點中系統扭曲的溝通的意義內涵：

首先，精神分析過程中的治療關係，顯示了我們可以經由

反思,而取得一種更大的理性控制(rational control)的能力
[10]。如同前述,在精神分析的治療過程中,治療者一方面會積
極地參與患者的個人經驗,但另一方面亦會儘可能地控制自身
的情緒反應,與生活背景對其個人觀點的影響,並使所有外在
的壓力條件在一個受到控制的環境中減到最低。就患者而言,
在上述條件齊備的環境下,其就能夠在一種較無壓力與意識形
態作用的情況中,自由重組自身的思緒,或者至少能夠經由作
夢的過程,呈現出被壓抑或被遺忘的經驗。上述過程之所以重
要,就在於精神分析治療的重點,旨在於令患者能夠重新學習
去反思自身的經驗,亦即:令被壓抑在意識底層的存有,重新
回到意識之中接受反思。而這種反思能力的重建,就意味著我
們對於一種系統扭曲的觀點、反應或者衝動,具有了較大的理
性控制的能力,而這當中就蘊涵了一種批判的機制。我們會發
現,反思在此即表現為一種重新社會化(resocialization)的過
程——藉由溝通能力的回復,使患者重新置入社會互動交往的
網絡中。亦即:在理性的作用下,溝通的過程不再被系統地扭
曲,患者的語言也因此不再是一種私有化的語言,而是一種能
與公眾進行互動並接受反思的語言模式。

其次,上述反思的過程必須在「言說的中介以及符號的互
動當中進行並達致」[11],而這就說明了兩件事:其一,如同前
述,哈伯瑪斯認為理解活動必須在語言當中進行;其二,「無
意識對個人行為的因果決定,唯有透過對個人語言的壓抑和排
除才真正獲得解放」[12],因此,不僅理解活動必須在語言當中
進行,反思更必須在語言的要素中發生。我們會發現,對哈伯

瑪斯而言，失去說話的能力——失去與公眾之間交往互動的能
力，亦即失去了反思的能力，假使我們欲重建這種反思的能
力，則就勢必要努力去建構一套更為明確的關於我們的言說與
行動模式如何與社會實踐產生關聯的理論架構。哈伯瑪斯曾
說：

> 孤立的符號內容……表現為一種病徵，因為它有的僅是一
> 種私有的語言意涵（private linguistic significance），而無
> 法適用於公眾語言的規則，……所以我們必須經由重新符
> 號化的過程（resymbolization）（治療這種精神的疾病），
> 亦即：使孤立的符號內容重新納入（reentry into）到公眾
> 的溝通當中。[13]

簡言之，哈伯瑪斯認為，患者的語言是一種私有的語言，
其無法與他人進行公開普遍的溝通，但是經由「語言化
（verbalization）的過程，被隱匿的非理性成分或者衝動，就能
夠被重新納入到一種符號的秩序當中（symbolic order）（令失
序者回到秩序軌道中），這種符號秩序的力量，來自於其自身
是公眾的（public）的事實。」[14]換言之，所謂的反思，就發生
在令私有的語言重新成為符合公眾語言規則的可溝通語言的過
程中，原因是，反思的基礎是來自於公眾互動過程中的檢視。
我們會發現，符合公眾的語言規則在此同時代表了可溝通性與
反思性，這一方面應證了先前所說的反思必須在社會化的過程
中進行，另一方面也說明了在哈伯瑪斯的觀點中，溝通絕不僅
是一種資訊的交換，亦不是如同維根斯坦所說的那樣，是一種

不同語言運作體系之間的轉換。溝通有其辯證性的意涵，主體際必須以語言和言說行動爲中介，不斷進行彼此之間的交往互動，形成既具主觀性又具客觀性的共識，並且，既成的共識仍然必須接受檢視，因爲主體際之間語言的交往互動，並不會因爲某個共識的形成而就此打住。溝通的不斷進行，就同時意味著反思力量的不斷發生作用，因此我們的溝通能力，實際上也就是我們的反思能力。

　　再者，如前所述，「孤立的符號內容……表現爲一種病徵」，精神疾病所引起的行爲或表述，一般都被視爲是一種語言溝通能力的失常或脫序，而這種語言溝通能力的失常與脫序亦即表現爲一種系統扭曲的溝通，其形成的原由，或許是來自於孩童時期的精神創傷在去符號化的過程中[15]被壓抑了下來，成爲一種個別、私有的經驗，而在這個別孤立的經驗與公眾經驗之間的缺口，便由經壓抑而形成的種種病徵所塡補。精神分析的目標，即是希望在追溯患者孩童時期精神創傷的同時，建立起一套特別的語言模式，作爲這種因爲被去符號化而壓抑下來的孤立經驗與公眾經驗之間的轉譯中介。我們會發現，這種試圖將個別的語言內容轉譯爲公眾語言內容的理解，並不同於哲學詮釋學所主張的那種理解——我們並不需要將自身置入與文本、歷史事件或者藝術作品的對話當中，來試圖詮釋知曉並進而實踐自身的存有。換言之，精神分析的治療重點在於針對患者進行一種「場景的理解」（scenic understanding），治療者並不需要同時投入患者的生活經驗當中，其所要作的僅僅是一種轉譯的工作，將被隱匿在意識底層的內容浮現出來，接受意

識的反思，並進而除去壓抑的要素。至此我們會發現，精神疾病所引起的行為，是來自於受干擾以致於失常的自我理解，亦即：這種行為是由於個人的自我反思能力在與公眾交往互動的過程中受到了干擾，以致於一種更為深層的反思能力（理性控制的能力）變得無力進行[16]。依之，倘若加上先前所述：我們的溝通能力，實際上亦即是我們的反思能力，則精神分析理論治療患者的失常行為，使其回復與公眾之間的溝通的歷程，其實就如同批判詮釋學藉由解除意識形態的作用，使個人由系統扭曲的溝通回復其該有的反思能力的歷程一樣，都是採取一種語言分析的進路。並且，哈伯瑪斯進一步認為，由於心理學採取一種場景理解而非全然置身投入的方式來解除外在環境對個人理解與溝通能力的限制，這就較哲學詮釋學的實效歷史原則更具反思與批判的效力。原因是，如同我們在第三章當中提到的，社會的整體是一個不斷歷經建制化之後的結果，而即便建制化的過程亦涉及了公眾的討論與互動，但其仍舊可能由於意識形態的作用，而表現為一種不合理的強制力。精神分析著眼於非意識層面內容的挖掘與探索，這就如同批判詮釋學欲將不易為人所察覺的意識形態的作用標顯出的意義一般，都是為了建立一種更為有效的反思，使我們對所謂不合理的觀點、暴力或者衝動具有更大的理性控制與批判的能力。哈伯瑪斯認為，心理分析的治療過程中所進行的理解與詮釋活動，即是要以一套理論架構去試圖解釋、說明（explain）壓抑要素與經驗形成的原由，因為唯有透過一套適當的解釋理論（explanatory theory），說明了病徵發生的背景與過程，才有可能真正理解此

被系統地扭曲了的經驗；同樣地，我們也唯有說明了意識形態
形成的原由與過程，才能眞正除去其宰控。換言之，眞正的理
解應當同時包括了詮釋的理解（interpretive understanding）與
原由的說明（genetic explanation）[17]。

三、理想的言說情境與溝通能力

　　事實上，哈伯瑪斯對心理學中精神官能症的內涵與表現出
的類型並沒有多大的興趣，但他之所以對此加以討論，那是由
於在精神官能症中所表現出的系統扭曲的溝通，實際上反映出
了通往正常溝通以及理想的言說情境的關鍵。直接的原因是，
既然有所謂「系統扭曲」的溝通，那麼顯然地應該存在另一種
與之相對的非扭曲的、無礙的溝通；並且，即便如前所述，在
精神分析的過程中，治療者與患者並非立處於一種全然對等的
關係，但其經由日常語言的言說行動而解除壓抑要素的過程，
卻說明了在日常語言的溝通當中，一種理想的言說情境實現的
可能性條件。如同哈伯瑪斯所說：

> 無論主體際之間相互的理解如何被扭曲，一種關於理想的
> 言說情境的籌劃，都必須被隱含在潛在的言說結構當中，
> 因為所有的言說行動——即便帶有刻意的欺瞞詭詐——也
> 都指向了真理的觀念。[18]

　　簡言之，所謂理想的言說情境，對哈伯瑪斯來說，即是經
由溝通的模式，使意見的不一致或者衝突得以被解除，而這種
溝通模式之所以能夠達到如此這般的理想境界，那是由於其不

受任何強力的控制與影響，而僅僅是一種較佳論點的選擇過程[19]。心理治療過程時的治療關係之所以重要，就在於其同時涉及了兩種層面的溝通，而這兩種層面的溝通又說明了一種理想的言說情境成立的可能性條件：

首先，最直接的層面是：治療者幫助患者將被壓抑的經驗、思想或夢境以語言符號的模式表述出來，而這就應證了哈伯瑪斯所主張的：我們必須在語言符號和言說行動當中進行溝通與理解的活動，而反思亦因此必須在語言的要素中發生。其次，更進一步來說，治療的過程並不囿限在諮商室當中。如前所述，精神分析治療的目的，在於重建患者的反思能力，亦即患者對其自身衝動或非理性作為的理性控制能力，因此，在某些情況下，患者自身亦同時扮演著治療者的角色。一項成功的治療，即是令患者可以在任何的時空背景下，都循著這樣一種關係去檢視自身或他者的觀點，在此意義下，治療的過程，亦即是幫助患者將個別私有的語言和經驗建制化為公眾溝通中的一環，這也就是先前所說的，反思必須在社會化的過程中進行，我們必須在與社會中其他主體交往互動的過程中，檢視自身與他人的觀點或立場。總言之，只要我們不斷地以語言和言說行動與社會中的其他主體進行溝通，則一種理想的言說情境就有實現的可能性，這一方面是由於反思的作用將在溝通的過程當中不斷被引曳而出；另一方面，則是我們所擁有的溝通能力也將促使這種理想的言說情境的實現。

在哈伯瑪斯較為早期的著作當中，他主張溝通能力是我們對於建立一種理想的言說情境時所需的要件的掌握能力[20]，這

種溝通能力並不單指一種語法上或文法上的運用規則的掌握，而是一種會在言說（speech）的過程中發生的要素。原因是，單純的造句只涉及了對詞彙的選擇與文法規則的運用，但若要進一步置入到社會互動的網絡中，則情況就複雜得多了，因為我們尚且必須考慮到自我、他人與客觀外界的問題，這三種立場之間的互動，指涉了彼此之間、彼此與世界之間的複雜關聯。在精神分析理論中的患者，其病徵通常直接表現在語言使用上（包括言說行動）的異常或錯亂狀況，而其原因就在於患者無法適當地去區分出主體、主體際之間以及關於事實的客觀規則之間的區別，換言之，患者內心世界中的社會關係是一片渾沌、錯綜、交疊的處境，其並未能夠去區分出自我、他人以及外在世界之間的區別與關聯，以致於其在語言的使用上，表現出一種溝通的無能（communicative incompetences）。這也就是為何哈伯瑪斯會在精神分析理論試圖回復患者的溝通能力的過程中，看到一種批判詮釋學所欲求的反思與解放的旨趣。原因是，溝通能力的重建或回復，意味著造成系統扭曲的溝通的扭曲系統將在個別孤立的經驗重新社會化的過程中接受反思，並且，反思的基礎並不在語言本身，而是在言說的行動當中，原因是，語言本身並不具有社會意涵，語言必須是在被使用的過程中──亦即：在主體際言說的行動中，才具有如同第三章當中所說的一種自我超越的傾向──亦即本章所說的反思的作用力。依之，哈伯瑪斯後來又提出了所謂的普遍語用學（universal pragmatics），試圖將所謂的溝通能力說明得更為明白，以促使一種理想的言說情境的實現。在普遍語用學的觀點

中，哈伯瑪斯強調，我們應該經由人們的言說行動來理解其自身。換言之，普遍語用學所著重的，並非如何構作出一個合於文法規則的句子，而是如何在語句的溝通當中，真實呈現出主體、主體際、客觀世界以及其彼此之間的脈絡關聯。換句話說，普遍語用學所著重的是人們的溝通能力，而非語言能力，因此，其主張我們在每一回的溝通行動中，都必須同時符合四項條件的要求，而這才算是真正進行一項既能呈現出我們的社會處境且具反思性的溝通行動，這四項條件分別是：一、可理解性（comprehensibility）：我們說出的語句必須符合文法的規則，才能令他人理解，這是溝通得以進行的最基本條件；二、真理性（truth）：語句所指涉的內容必須為真，亦即其所記述的內容必須與事實相符；三、真誠性（truthfulness）：簡言之，亦即進行相互溝通的誠意；四、適切性（rightness）：言說者必須是在某種相互認同的規範背景下進行交流，亦即：我們必須在擁有某種共識的前提條件下，才有進行溝通的基礎。
21

　　上述四項條件，都是作為一種溝通能力而存在於我們每個人的身上，當然，由於意識形態與扭曲系統的作用，在日常生活中的溝通，時常是一種系統扭曲的溝通，而這也就是為何哈伯瑪斯要藉由上述這種溝通能力的回復，來解除意識形態的作用，使我們的日常的溝通能夠在一種真正無壓制的理想的言說情境當中進行。

第二節　高達美的對話模式

一、高達美對哈伯瑪斯溝通理論的質疑與批判

　　承上，哈伯瑪斯認為，由於精神分析理論與批判詮釋學所進行的場景理解同時包括了源起說明與詮釋理解兩個面向，因此，其一方面可以避免自身置身於意識形態——例如，因著因傳統力量而來的權威——的作用中而不自知；另一方面，則可以深入現象的底層，將隱匿未現的壓抑因素掘出，說明了壓抑的源起與作用於我們行動的過程，則我們自然能夠將此壓抑要素除去，而重新回復到一種無壓制的溝通情境。此外，這種場景的理解，必須在一種特殊的溝通關係和過程中進行並達致：一方面，治療者與患者之間的關係，並非如同高達美哲學詮釋學中所主張的那樣是一種相互平衡、共同參與的對話模式，而是治療者對患者採取一種策略性的引導，使得患者能夠在意識層面當中，以日常語言呈顯出其受到壓抑的經驗或意識，而有助於我們對其病徵與壓抑要素的理解；另一方面，治療者在精神分析的過程中，亦須將自身的意向性減至最低，以使得患者可以在表述當中，儘可能真實無壓力地呈現出造成其病徵的原初場景。上述這兩點在哈伯瑪斯的觀點中，都意味著批判詮釋學與哲學詮釋學進路的分歧，並說明了心理學方法對批判詮釋學在解放旨趣上的重要性。

　　然而，對高達美而言，批判詮釋學採用心理學的概念來證明自身在方法論上的解放旨趣的做法其實是很可議的。原因是，何以採取了一種場景理解的進路，就意味著批判詮釋學較哲學詮釋學更能獲致一種客觀的理解？換言之，何以改採一種策略性的引導態度或者將自身的意向性減至最低，便意味著可以不再受到一種歷史詮釋的觀點的影響？高達美認為，心理學預設了所謂正常的溝通以及歧出的社會化過程，用以說明一種系統扭曲的溝通的存在與形成的原由，而後再以一種場景理解的方法，來保證其理解與說明過程的客觀性，然而實際上，這種所謂正常與歧出的判準，卻仍不免有其特殊的時代背景與社會意涵[22]。換句話說，精神分析的判準仍然有其歷史傳統作用下的痕跡，其無論如何都無法將自身的客觀性建立在脫離歷史傳統作用之外的基礎上——亦即：無法立於哲學詮釋學的詮釋觀點之外。哈伯瑪斯曾經據此批判實證主義價值中立的虛妄性宣稱，但他對心理學方法的採用，卻又反踏入他所欲批判的錯誤當中。並且，在一個社群多元並存的情況下，所謂的客觀性與正常性的判準，又該由誰來制定？高達美認為，溝通理論中存在的一個潛在危險是：假使我們脫離了時代與社會的背景來談論客觀性或正常性，則我們就很容易自以為是地以為自身所有的判準才是唯一具規範性（normative）的判準，其他外在於我們社群的溝通模式或者價值觀，則都是一種系統扭曲之後的產物，但這顯然是可議的[23]。事實上，有時候「政治以及道德領域中的歧異（differences），不都只是來自於意識形態作用下的結果，也來自於不同的經驗以及志趣影響下所形成的不同觀

點（opinion）。」[24]對高達美來說，此不同觀點的併立是很重要的，因為這意味著社會中的不同個體，將擁有一種因為觀點的相異而引發的持續對話的可能性，即便共識的形成在此過程中看來並不容易，但至少我們都會有發覺他者優點，以致於擴充自身原初視域的機會。一個所謂具客觀性的進路引導下所形成的共識，表面上看來是主體理性能力的具現，但實際上卻是反過來的對理性能力的消減，哈伯瑪斯談到民主社會中專制政治對人們政治能力的消弱，不正是這樣一種情境的寫照嗎？因此高達美說：

> 相反地，當詮釋學主張溝通的意義是建立在檢視彼此前見的基礎上──並且，這一點堅持即便在文本的文化轉換過程也是如此，則詮釋學對我而言仍然是正確的。[25]

　　總言之，哈伯瑪斯對精神分析理論的採用原因有二：其一，精神分析理論以回復患者的日常溝通能力為治療目標的做法，呼應了批判詮釋學的溝通與解放旨趣；其二，精神分析過程的治療關係與方法進路，則為批判詮釋學預設了一種客觀性的基礎。綜合這兩點，批判詮釋學於是得以成為哈伯瑪斯心目中既具理論性又具規範性的有效理論。然而，在哲學詮釋學的觀點下，哈伯瑪斯的這套溝通理論就如同先前的參照體系一般，實際上並無法脫離歷史傳統的作用來運作，其根本的問題仍在於：哈伯瑪斯無法真正理解到所謂的客觀性，並不來自於將自身抽離至傳統以及事理──亦即：所謂的詮釋學處境──之外的過程，相反地，客觀性只來自於共同參與──而且是全

身投入——的對話過程，即便在對話的過程中，對話的雙方都將自身特殊的文化背景與個人志趣帶入其中，以致於表面上看來似乎缺乏了所謂的客觀性，然而，唯有在個別視域相互激盪甚而不斷衝突的過程中，我們也才有進一步視域交融的可能性。我們可以分別由以下的修辭學與詮釋學之間的關聯問答的邏輯遊戲概念以及因之而來的關於主體性問題的探討，更進一步理解高達美關於對話模式的揭示。

二、修辭學與詮釋學

如同我們在第二章當中提到的，語言問題是高達美哲學詮釋學關注的重點，他主張：凡是理解就必定是一種語言的理解，此命題之所以成立的基礎，是建立在高達美對於語言的根本存有方式的闡述上。他認為，語言絕非僅是人類藉以相互溝通的工具，亦非經由思維反省而得出的符號產物，相反地，語言有其自主的生命力，我們都必須在語言當中表現自身與共同的生命經驗。因此，高達美說：「真正普遍的語言性在另一種意義上是詮釋學的本質前提，而修辭學則可以進一步作為這種普遍的語言性的明證。」[26]這段話一方面說明了語言問題作為哲學詮釋學的發展軸心，所謂歷史的實效作用，亦必須在語言的中介當中進行；另一方面，則是指出了修辭學與詮釋學之間的深刻關聯：

高達美曾經指出，由亞里斯多德所完成的第一部關於修辭學歷史的著作實是承襲柏拉圖的思想而來，柏拉圖的想法是：「在掌握能夠引起有效影響的講話時，要把適當的論據提給那

些對此特別能夠接受的靈魂。」[27]原因是，首先，唯有認識到
理型（eidos）的人，才能夠形成適當的論據，也就是所謂有效
的論證。其次，修辭者必定與其所欲影響的人在知識程度上所
知相近，以致於具有影響對方的基礎和實力。而高達美認為，
亞里斯多德的修辭學便是針對上述第二項論點的加工，因為他
主張話語（speech）和靈魂（soul）必須彼此相互呼應，並且
依此，則修辭學便不該只被「視為一種講話形式的理論和說服
的手段，而是一種從自然的能力理解發展成實際的技能」[28]。
原因是，所謂理解是一種自然的能力，意謂著理解的可能性是
本然的，但是另一方面，理解又有程度之別，達致他者的企圖
並非每一次都能順利成功。對柏拉圖而言，說出的話語
（speech）和未說出的話語（thought）是一體的兩面，並且，由
於人們總是透過語言來表述自身並進行溝通，因此，無論是內
在的話語或者外在的話語，其實都蘊涵了理解的可能性，由
此，則無論是哪一種形式的語言，便都含括了思想的意涵在
內，柏拉圖與亞里斯多德在談論修辭學時強調話語和靈魂之間
的緊密聯繫，便是這個原因。此外，我們之所以不能單純地視
修辭學為一種訓練講話技巧的理論尚有另一個原因，亦即：修
辭學與詮釋學一樣，其都必須與實踐行動產生關聯。倘若我們
考察修辭學一字的源起就會發現，修辭學的涵義內容原是取自
亞里斯多德倫理學中良善生活的概念，如同倫理學的目的，在
於成就一種良善的生活；修辭學的目的，則旨在成就一種完善
美好的表詮，並令我們在這樣的表詮當中藉由視域的交融而相
互提昇。

　　當然，修辭學與詮釋學之間也並非全無差異，高達美就曾經指出：「修辭學重於言說（speak）甚於閱讀（read）。」[29]言說——尤其是政治性的演說，總是以修辭學作爲激發情緒說服群眾的手段。在這種演說的過程中，演說者是唯一的主體，其運用由修辭學而來的明確論證取得群眾的信服。所謂批判性的思考並非演說進行時的重點，講話效果的直接性才是修辭學所著重的。閱讀文本——尤其是書寫的文本——就不同了，詮釋者作爲一個相對於原初作者的存有，其一開始便和文本之間有所距離，並且因著和文本之間的採距，批判性的思考會在詮釋的循環的過程中不斷發生作用，在此意義下，試圖去把握文本的意義或者作者原初心意的任務過程，便「具有一種自我創造的特性，它更類似於講話者的藝術而不是聽眾的行爲。」[30]然而，修辭學也不僅僅圍限在演說或者解經的領域中，在科學的領域內同樣需要修辭學，尤其是科學希望在自身的領域之外亦能發揮作用時。對此高達美就曾經提到：

> 如同亨利・高黑爾所指出的，即便連笛卡兒這樣一個不斷致力於為方法和確定性作辯護的偉大人物，卻也是一個在他的著作大量使用修辭學方法的作家。[31]

　　高達美的這段話至少說明了兩件事：首先，除了人文社會的研究領域之外，自然科學亦必須藉助修辭學的使用來說明甚而宣揚自身的理論原理和研究成果，這在某一種程度上即是說明了修辭學的普遍性；其次，假使連自然科學的研究本身都無法全然脫離修辭學這一似乎原本只存在於人文領域當中的理論

的採用，則這就應證了高達美所主張的：沒有一種純粹的陳述形式的存在，即便是在自然科學這樣一個致力於建構出精確理性的語言系統的領域當中，也不存在任何一種獨立的語言系統。換言之，自然科學的語言系統是我們整個語言符號系統中的一種，自然科學的研究亦即是我們整體詮釋學經驗中的一環，其宣稱的客觀性與普遍性無論如何絕對無法在脫離了我們存有的實際經驗——尤其是文化傳統的經驗而取得。而這就又回到了我們一開頭就指出的：「眞正普遍的語言性在另一種意義上是詮釋學的本質前提，而修辭學則可以進一步作爲這種普遍語言性的明證。」因此，在對話的過程中，修辭學的重要性是不可抹滅的，其一方面可以直接在語詞上幫助我們表述得更爲明白，爲人們相互理解的機會加分；另一方面，此表述得更好，其實亦即意味了我們能在語言的中介當中，更爲充全地理解自身與他者的生命經驗，甚而是在一種語詞無法言盡以致於只能靜默的情境中，這種相互理解的可能性仍舊持續發生。而這就說明了語言性作爲我們存有的本質基礎，對話遂是我們藉之理解彼此的最終模式。

三、對話的運作

高達美說：「對話的原始程序經常就是問與答。」[32] 當「我們試圖去理解某個問題時，就是對這個問題提出問題。理解一個意見，就是把它視爲對於某個問題的解答。」[33]，假使如前所述，理解是此有自身本然的存在方式，則我們的存有，便會在不斷的問與答的對話過程中逐漸形塑而成。茲詳述如

下：

　　首先，高達美雖然說問與答，但其實他認為對話的重點在於提問，而非針對某個問題的解答。原因是，如同我們在第二章當中提到的：「真正的提問預設了一種開放性，這種開放性預設了答案是未知的，但也因此其必須同時檢視自身的界限所在。」這段話至少包括了如下兩項意涵：首先，當我們試圖理解某個文本、歷史事件或者藝術作品時，我們便總是在對之提出問題。如同前述，我們在進行理解活動時，總會因為自身所處的時代背景或個人志趣的影響，而對所欲理解的事物進行一種預先意義的籌劃，這種籌劃就反映出了我們自身的「問題視域」。換言之，在我們試圖理解某個事、物對某個事物提出問題時，其實也早已經為這個問題的解答預先籌劃了某個理解的方向，最直接的例子是：當我們探討存有的問題時，我們所探討的大抵就是此有的問題，原因無他，僅僅因為我們是作為一人之存有而存在於這個世上；但是，另一方面，此問題視域所呈現出的，就僅僅是我們由於自身詮釋學處境的影響，而對所欲理解的事物進行的原初籌劃，其作為我們理解時的必要基礎，但其內容卻非永恆不變，亦即：我們原初的問題視域會在詮釋的循環過程中──在反覆的問與答的過程中──不斷增補更迭其內容。因此，真正的提問，必然預設了某個解答的方向，否則便只是個毫無目標的、空泛的問題，其不可能為我們的理解帶來多少幫助；然而真正的提問，也必然預設了一種開放性，其使得我們在不斷的問與答的對話過程中，藉由意識到自身的界限所在，而有了擴增自身原初視域，甚而與他者視域

交融的可能性。針對問題的解答相較之下較不爲高達美所注重的原因，就如同陳述句總是無法一次涵括其整個涵義內容的情況一般，不是無法一次完整地呈顯出所欲理解的事物內容，便是在一種自以爲充全的情況下，終止了對話的繼續。對於高達美而言，持續對話的進行之所以非常重要，就在於他認爲永遠不可能有一終極、完美的理解的存在，在理解的過程中，我們有的僅會是暫時的與不充全的理解，但這卻無礙於我們彼此之間的溝通與相互理解的達致。原因是，在歷史的實效作用下，文本、歷史事件、藝術作品甚而我們自身的存有內容皆非一成不變的，因此，理解總是必須回歸到重新產生的一致，而後繼續進行；相反地，一種終極完美的理解就僅僅保證了對話的終結——亦即：相互理解的可能性消失，在此意義下，假使我們總是在答案當中尋找答案，則我們就肯定永遠找不到解答。

其次，對話模式的運作，與高達美的遊戲觀點亦深切相關。簡言之，高達美認爲，「凡是在不存在任何進行遊戲行爲的主體的地方，就存在遊戲，而且是眞正的遊戲。」[34]此處所謂不存在任何進行遊戲行爲的主體，指的並非在遊戲當中，不存在任何的遊戲者，亦即在對話當中，不存在任何相互對話的雙方。事實上，高達美的眞正想法是：

> 只有當遊戲的人全神灌注於遊戲當中，遊戲才會實現它所具有的目的。……使得遊戲完全成爲遊戲的，……是在遊戲時的嚴肅。[35]

此處的全神灌注以及嚴肅，指的便是遊戲者在進行遊戲時

全心投入置身其中的態度；這反映在對話上，指的便是在對話的過程中，「當我們試圖理解他人所說的話時，我們所進行的並不僅僅是一種意指（Gemeintes），而是一種參與（Geteiltes）一種共同的活動（Gemeisames）。」換言之，在眞正對話進行的過程中，我們的目的並不是要為自己或對方的表述內容給出定義，以致於彷彿掌握了某種定義，便同時意味著理解了彼此的談話內容；一種成功的對話應該是：

> 人們不再會重新回到引起談話的不一致狀態，而是達到了共同性（Gemeinsamkeit），這種共同性是如此的共同，以致它不再是我的意見或你的意見，而是對世界的共同解釋。這種共同性才使道德的統一性和社會的統一性成為可能。[36]

因此，在眞正的對話中，我們會發現，對話將時時改變著對話的雙方，這就如同高達美所主張的：「一切的遊戲都是一種被遊戲的過程」[37]，換言之，在遊戲當中的眞正主體該是遊戲本身，而非遊戲者；對話的情形也是如此，在對話當中的眞正主體，既不是說話者，也不是聆聽者，而是對話本身。一旦投入對話當中，則對話的內容最終會被引領到什麼方向？會對出個什麼東西來？便不是對話當中的任何一方所能夠獨自決定的。

我們會發現，在高達美的思想中，無論是時間距離的概念語言的存有方式或是遊戲與對話模式的揭示，當中都蘊涵著一種關於他者的概念在理解的過程中所起的積極作用。高達美在

〈現象學和辯證法〉一文裡提到他於1943年所撰的〈當今德國
哲學中的歷史問題〉一文中，就充分發展了此關於他者的概念
[38]。當他將這篇文章拿給海德格看時，海德格一方面點頭讚
賞，另一方面卻又反問高達美：「那你又要怎麼處理被拋狀態
呢？」言下之意，被拋狀態與高達美所強調的他者在理解過程
中的重要性一般，似乎都意味著一種完全的自我占有與自我意
識建立的失敗，其呈現出的是主體性的遭受質疑與撼動。然
而，對高達美而言，他卻「看到了這種他者的特殊現象並正確
地試圖在談話中建立起我們世界定向的語言性。」[39]換言之，
高達美認為，「在理解時不是去揚棄他者的他在性，而是保持
這種他在性」[40]；然而，另一方面，這種對於他在性的保持，
卻並非意味著我們主體性的喪失，因為在一種真正對話模式的
運作中，將同時超越主體性與他在性的分界，使得我們可以在
一種共同參與投入的過程中，建立起彼此共同的世界定向。

　　對此，哈作瑪斯認為，我們必須在社會中主體際的日常溝
通行動中，藉由一種反思的參與，逐漸形塑出彼此認同並分享
的規範準則或者價值觀，其目的有二：一是藉由這種有效的溝
通行動的進行，將宰控我們行動的意識形態反思而出，確立我
們可以在一種理想的言說情境中，進行彼此之間無壓制的交
流；其二，則是進一步在此無壓制的溝通交流中，說明並確立
人類存有的合理性基礎，簡言之，亦即確立我們的主體性。這
即是批判詮釋學發展的旨趣所在。然而，對高達美而言，「主
體性的焦點只是一面哈哈鏡，個體的自我思考只是歷史生命封
閉電路中的一次閃光乍現」[41]，原因是，我們的詮釋學處境，

說明了歷史傳統早在我們進行自我理解之前，就已經作用在我們的身上；因此，倘若真要採用「主體」這個字眼，則顯然用在不斷繼續下去的歷史傳統或者對話身上，要比用在我們的身上更爲合適。在此，高達美其實並未要抹去我們個別特殊的主體性存在，相反地，其強調我們個別的詮釋學處境對我們自身理解過程的影響，即是間接肯定個別主體性的一個證明，並且，即便我們在對話當中取得彼此一致的共識或見解時，高達美強調，「這也絕不是使區別消失於同一性之中」[42]。哈伯瑪斯期望藉由一套有效方法溝通理論的輔助，來保證其理論進路在社會實踐上的客觀性，並指出哲學詮釋學的語言與傳統觀點窒礙了人們理性溝通的進行；然而，高達美卻認爲，唯有經由一種對話模式的運作，才能夠真正超越主觀與客觀之間的藩籬。原因是，客觀性不該僅來自於方法論的保證，無論是自然科學或者實證主義的發展過程其實都應證了這一點；並且，承認自身視域的侷限性，其實並無礙於理性的存在與一致理解的達致。對話的運作即說明了我們如何以自身備受侷限的視域爲基礎，但是卻又能夠在視域交融的情境中取得一致的客觀，而後，再以此暫時的一致爲另一次對話的起點，對話不斷繼續，我們也將在不斷的視域衝突以致於交融的過程中共同提昇。

註釋

1. Thomas McCarthy, *The Critical Theory of Jurgen Habermas*（MIT Press, 1981）, p. 272.

2. Jürgen Habermas, *Knowledge and Human Interests*, translated by Jeremy Shapiro（London, 1972）, p. 314.

3. 參見第三章註6。

4. Michael Pusey, *Jurgen Habermas*（Ellis Horwood Ltd., 1987）, p. 70.

5. 哈伯瑪斯說：「社會行動的客觀基礎並無法被主體際之間相互認同以及用語言符號傳達的意義面向所窮盡，語言結構只是社會中複雜結構的一部分，這整個複雜結構即便是以語言符號來運作，但同時也是由一些實際存在的壓制所組成——外在自然的壓制，其內化到技術控制的過程中。以及內在自然的壓制——其在社會全力關係的壓抑特質中被反映出來。」參照Jurgen Habermas, *On the Logic of the Social Sciences*, p. 173.

6. Jürgen Habermas, *On the Logic of the Social Sciences*, p. 117.

7. Michael Pusey, *Jurgen Habermas*, p. 70.

8. 在上一章當中，我們就已經提到過哈伯瑪斯對於客觀性的不能忘懷。心理學作為一種在人文學科領域中的科學，自是深深吸引了哈伯瑪斯的注意。哈伯瑪斯認為，對於方法論的建構無論如何是不能夠捨棄的，因為我們畢竟仍然需要一種規範性的準則，而不僅僅是一種情操的陶冶，而這也正是他對高達美進行批判的一點。哈伯瑪斯認為，由於哲學詮釋學對於方法論的不夠重視，使得其並無法涉及社會實踐層面議題的討論；因此，批判詮釋學的建構，則一方面

不能僅是一種意識層面的思想之旅，因為那太不實際，但也不能單純地呼應一種科學所強調的客觀性，因為批判詮釋學絕不是實證論。哈伯瑪斯所欲建構的，是個同時結合了知識與實踐、理論性與規範性兼具的有效理論。

9.Michael Pusey, *Jurgen Habermas*, p. 70.

10.Ibid.

11.Ibid., p. 71.

12.《哈伯瑪斯》，頁134。

13.Jürgen Habermas, "On Systematically Distorted Co9mmunication", *Inquiry*, vol. 13（1970）.

14.Michael Pusey, *Jurgen Habermas*, p. 71.

15.參見本書第三章第四節中「意識形態的形成」部分。

16.Georgia Warnke, *Gadamer: Hermeneutics, Tradition and Reason*, p. 125.

17.Ibid. 「解釋」在此具有如下意涵：解釋不同於高達美的理解，在於解釋是有所採距的，理解則是完全投入其中。解釋謂治療者不需參與患者的生活經驗，這就令治療者保有一種客觀性。問題是，這種背景的理解亦有其可議之處，原因是，這種既不是觀察，但又保持距離的尺度應該如何拿捏？在解釋當中難道沒有理解的成分嗎？亦即：「沒有理解能解釋嗎？」

18.Michael Pusey, *Jurgen Habermas*, p. 73.此為Pusey對哈伯瑪斯觀點的引述。

19.Georgia Warnke, *Gadamer: Hermeneutics, Tradition and Reason*, p. 131.這裡出現了一種弔詭的狀況：高達美曾說權威涉及的是承認

與否而非服從與否的問題，換言之，權威是基於自由的認識與理解而存在的，一個人之所以承認權威，原因無他，僅僅因爲他視權威的存在較所謂的知識探究更爲重要。換言之，權威的被承認有時亦即是一種較佳論點的選擇過程。當時，哈伯瑪斯並不認同這樣的觀點，但此處的論點卻又似乎暗示了哈伯瑪斯可以接受某種形式的權威，只要該權威是在人們自由選擇的情況下被共同承認。

20.Michael Pusey, *Jurgen Habermas*, p. 73.

21.Jürgen Habermas, "What is Universal Pragmatics", *Communication and the Evolution of Society*, translated and with an introduction by Thomas McCarthy（Beacon Press, 1979）, pp. 56-68.

22.Georgia Warnke, *Gadamer: Hermeneutics, Tradition and Reason*, p. 127.

23.Ibid.

24.Ibid.

25.Gadamer, *Replik*, p.307.

26. "Rhetoric, Hermeneutics and the Critique of Ideology", *The Hermeneutics Reader*, p. 276.

27.Ibid., p. 277.

28.Ibid., p. 276.

29.Ibid., p. 278.高達美説：「修辭學的眞正適用性（vocation）在於言説而非閱讀。」

30.Ibid.

31.Ibid., p. 279.

32.*Truth and Method*, p. 368.

33.Ibid., p. 375.

34.Ibid., p. 102.

35.Ibid.

36.《眞理與方法‧第二卷》中譯本，頁207。

37.*Truth and Method*, p. 106.

38.前揭書，頁11。

39.同上註。

40.前揭書，頁5。

41.*Truth and Method*, p. 276.

42.前揭書，頁19。

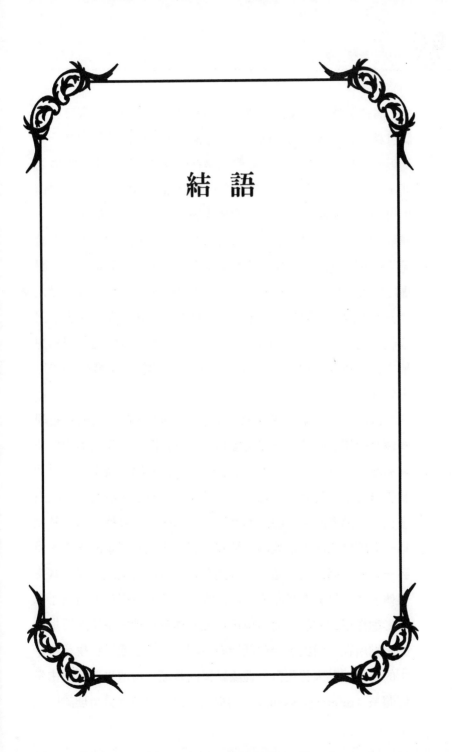

結　語

　　高達美認為，關於我們存有的基礎，一方面，是來自於我們自身對歷史傳統的承繼；另一方面，則是來自於我們自身受侷限的原初經驗。因此，我們總是在一種熟悉與陌生的兩極之間，以語言為中介，於不斷的理解的循環的過程中，逐漸構作出自身的生命圖像。依之，詮釋學的定位與發展，便不該如同傳統的詮釋學科學一般，期望透過對歷史傳統的否定與自身前見的排除，來達致一種所謂客觀或正確的理解；而是必須在歷史的實效作用中，在認清自身理解的侷限處境下，以親身投入而非置外觀察的態度，經由不斷的理解與詮釋活動，而表現出我們文化社會精神內涵的普遍性。高達美將自身的詮釋學思想稱之為「哲學詮釋學」，便是明顯地欲與傳統的詮釋學科學定出分野。

　　作為與高達美有過論辯的同時代哲學家，哈伯瑪斯對哲學詮釋學的觀點亦多所汲取與批判。其一方面認為高達美關於語言與歷史傳統的觀點，說明了我們社會存有的符號本質，以及我們自身存有的歷史從屬性，並且因此而來地，解消了功能主義或實證論者絕對客觀性與價值中立的虛妄性宣稱，以及其欲以一套總攝的法則來蘊涵、解釋一切文化社會現象的迷思。但另一方面，高達美將語言提昇到存有學層面的做法，以及其主張傳統與前見必然且必要存在的觀點，卻無可避免地面對了意識形態作用的問題，而這也正是批判理論對社會現象進行批判的重點所在。因此，哈伯瑪斯固然認同並且汲取了哲學詮釋學中的部分觀點來強化自身理論結構的基礎，但他也試圖藉由參照體系（reference system）的提出，以及對精神分析理論的運

用，來「進一步在方法論上證成他對解放的基礎」[1]，而成為一
所謂的「批判詮釋學」。

本書進行的最主要目的，即是藉由高達美與哈伯瑪斯二人
關於語言、傳統與意識形態觀點的對比，試圖呈現出哲學詮釋
學與批判詮釋學在溝通與理解議題上的相近旨趣，以及因之而
來的語言問題在其二人的理論建構過程中立處的關鍵地位。因
此，本書的進行，遂採以一對比的方式：首先，在第二章中，
對哲學詮釋學的基本觀點進行闡述；繼之以第三章中，批判詮
釋學對哲學詮釋學的反思和對意識形態的批判，來試圖呈現出
哲學詮釋學的界限所在與批判詮釋學發展的大致輪廓；最後，
於第四章中，再回到溝通與理解的議題上，看待兩人如何在溝
通普遍受阻的現代社會中，提出各自達致相互理解的進路。而
在二人觀點反覆論辯的過程中，其思想的歧異與交融以及對我
們生活經驗的影響，大抵可以分為以下幾點述之：

在語言理解方面

高達美認為，我們存有的經驗是一種詮釋學的經驗，亦即
我們總是在熟悉與陌生的兩極之間，經由不斷的理解與詮釋活
動的進行，而逐漸成就自身的存有。熟悉是來自於我們對歷史
傳統的承繼；陌生則是由於新成分的加入反映出我們原先經驗
的侷限性，而促使我們進行新的理解與詮釋活動。換言之，詮
釋學經驗既是一種歷史性的經驗，亦是一種辯證性的經驗，歷

史性作爲我們理解活動進行的基礎，陌生性與否定性則是觸動
經驗繼續發生的要素。而在這詮釋學經驗當中產生關鍵性作用
的，則是語言的中介。高達美藉由對邏輯陳述句的反思，指出
語言不該僅被視爲一種用以表述清晰概念的符號或工具。原因
是，我們話語意義的統一性，是必須在人們共同投入的生活世
界中，藉由彼此的交往承認而獲得確立，其無法如同邏輯陳述
句一般，只有合於邏輯與否的問題。而這就說明了：一方面，
語言應該是一種同時包括了社會與道德意涵的存有，而不可能
僅是一種純粹客觀或理性形式的展現；另一方面，既然語言不
該僅是一種符號或聲幅的形式組合，則其必然也就無法作爲一
種溝通的工具而爲我們所掌握；而是相反地，我們總是必須在
語詞表述的過程中，於其擺動的涵義範圍內，一次次努力表現
自身存有的經驗，呈顯出此有在生活世界中的定位，而這也就
是高達美所說的：「話語是透過人類理性的結合，指向人『對
存有的渴望』。」[2]要之，對高達美而言，語言的眞正存有方
式，便是表現人們在文化社會中的精神與思想內涵的普遍性，
因此，能被理解者，必定是一種語言的理解；反過來說，存在
於人類文化社會中的歷史流傳物，也必定是以一種語言的形式
展現在我們的面前。於是，我們會發現，正是由於語言的中
介，我們得以在承繼傳統的同時又反思傳統，並在此承繼與反
思的不斷循環過程中，逐漸構作出此有的存有。

　　哲學詮釋學的語言觀呼應了批判詮釋學的溝通旨趣，哈伯
瑪斯就藉之批判功能主義與實證論者忽略了社會存有的符號本
質，壓抑了人們理解與詮釋的企望，而只想要以一種自然科學

式的理論法則來化約人們社會行動的複雜意向性的謬誤；至於維根斯坦語言遊戲（language play）的觀點，雖然正視了社會存有的符號本質，但同樣以一種過於科學化的方式，賦予我們的日常語言完美的結構性與明白性，而將此日常語言視為是在社會化的過程中被運用的語言規則，彷彿只要循著語言規則來說話，便可以獲致如同自然科學運用公式的操作而來的絕對客觀性；彷彿只要掌握了不同文化體系中的語言規則，便可以完全理解其文化的內涵，而納入其社會運作的制度中。然而實際上，日常語言是歧異（ambiguous）與不完美的，並因此，我們也才能夠在言說的行動（speech action）中，形成一種有效反思的力量。維根斯坦語言遊戲的觀點，似乎忽略了文化社會中主體際間互動交往（interaction）的重要性，以致於在面對不同的文化社會時，落入到一種進退維谷的困境中：選擇放棄自身原初社會的語言規則；或承認彼此社會中語言規則的相對價值。

　　我們會發現，哈伯瑪斯如同高達美，認為凡是理解，就必須是一種語言的理解；不過，為了除去意識形態經由語言對我們溝通活動的壓制，哈伯瑪斯則更進一步欲將在哲學詮釋學中處於存有論層面的語言，拉回到實際日常生活中人們的互動交流過程裡，使其經由反思的檢驗，而發揮更為積極的作用。因此，即便哈伯瑪斯也認同高達美所強調的我們絕對不要妄想在語詞的陳述中，一次涵括所有的意義內涵，亦即：我們絕對不可能以一種一個能指對應一個所指的方式，說盡存有的完整境況。但他卻仍舊認為「一種對於理想的理解（ideal

understanding）的籌劃是必要的」[3]，因此，他在普遍語用學
（universal pragmatics）中提出可理解性、眞理性、眞誠性與適
切性四項判準作爲我們溝通能力的參考，依之，我們才能夠在
一種理想的言說情境中，藉由語言達成主體際間一致的共識，
進而顯現出人們存有的合理性。

在歷史傳統方面

　　高達美與哈伯瑪斯關於語言的歧異觀點，也反映在二人關
於歷史傳統的看法上。如同前述，高達美認爲，因著語言的中
介，我們於是得以在承繼傳統的同時又反思傳統，這其中揭示
出的即是歷史的實效作用，其一方面表現爲前見或海德格所言
的理解的前結構，作爲我們理解與詮釋活動進行的基礎；另一
方面，則反映在傳統不斷進行變革的過程中，作爲一種激濁揚
清的力量，將不合時宜的部分反思出局。而歷史之所以必須在
語言的中介中才能形成其實效作用，原因就在於：此有進行理
解與詮釋活動——亦即其存有活動——的場域，並非宇宙或者
自然界，而是一個由不同的傳統與歷史流傳物堆疊衍生而出的
文化世界，因此，在每一套語言系統的背後，其實都立處著龐
大的歷史與文化淵源，這也就是爲何我們必須透過語言的表
述，來理解或呈現出其背後所潛藏的時代意義或價值觀，而
後，這些歷史傳統與價值觀再反過來影響我們自身當下與未來
的存有。依從上述，我們會發現，哲學詮釋學顯然對歷史傳統

採取一種較爲維護的態度，原因是，高達美認爲，歷史傳統的作用對於我們不僅必然而且必要，如同他自己所說的：「在啓蒙的理性觀點下被視之爲偏見的前見，其實即是歷史實在（historical reality）的本身。」⁴因此，「個人的前見比起個人的判斷來說，更是其存在的歷史事實。」⁵換言之，我們總是在有所背景的前提下進行理解與詮釋活動，而不可能有一個憑空冒出的議題或者觀點的現身，而這就說明了我們理解的處境（understanding situatedness）──亦即：我們總是因著自身時代背景與個人志趣的影響，對我們所欲理解的事物內容進行一種預先意義的籌劃，原因無他，僅僅因爲我們需要一個立定的基點，才有可能繼續踏步前進；並且，一個人欲是想脫離其理解的處境，他就會與此處境更加地勾連難解，啓蒙對於前見的全然貶斥反而表現爲其所欲避免的獨斷論，就是一個明顯的例子。此外，由於我們總是在有所基礎的前提下進行理解與詮釋的活動，這就說明了我們的前見亦非憑空而來的結果，亦即：我們對於事物預先意義的籌劃，並不會只是一種個人主觀的見解與詮釋，而是如同高達美所說的：「理解的經常任務就是作出正確的、符合於事物的籌劃，這種籌劃即是一種預期，而預期應當是由事物本身才能得到證明。」⁶高達美所言，即是一種在我們理解的循環過程中，實效歷史意識的反思作用，它說明了我們對於歷史傳統的承繼，並非由於自身無力抵抗的軟弱，而是在承繼過去的同時，另有一股積極的力量，使我們反思自身原初視域的侷限性，更重要的是，此承繼與反思的動作且是同時發生的，以致於在面對歷史傳統的作用時，我們從來不曾

眞正的主動，但也絕對未曾被動。

　　哈伯瑪斯認同哲學詮釋學中關於傳統與前見的部分觀點，並因此也反駁了實證論者絕對客觀性與價值中立的宣稱，並主張：倘若語言性確爲我們社會的本質基礎，又傳統是在以語言爲中介的社會化過程中不斷被形塑而成的存有，則我們自然就能夠在歷史傳統當中尋得理解彼此的可能性。他以溝通經驗（communicative experience）的概念來說明這一點，而指出：由於我們自身與所欲理解的對象領域之間擁有一種共通的溝通經驗，以致於一方面，我們無法僅以一種外在觀察者的角度來理解事物存有的意義內涵；並且，此共通的溝通經驗，也爲我們的理解活動提供了出發的基礎，其說明了達成一致理解的可能性條件。事實上，哈伯瑪斯所言的溝通經驗，即是高達美所稱的前見或者我們關於歷史傳統的從屬性，而有趣的是，由此處不同語詞的擇取上，我們便可以略見哈伯瑪斯對哲學詮釋學中前見與傳統觀點所持的保留態度。

在意識形態批判與達致相互理解方面

　　如同前述，哈伯瑪斯在與高達美的論辯過程中，汲取哲學詮釋學的語言與歷史傳統的部分觀點，一方面，對功能主義與實證論者進行批判與反駁；另一方面，則藉之爲批判詮釋學的建構立定堅實的基礎。然而，哈伯瑪斯對哲學詮釋學進行批判的焦點，亦是鎖定在後者關於語言與傳統的觀點上。原因是，

首先，高達美將語言提昇到存有學層面的做法，過度擴大了語言的作用，而使得意識形態的壓制力將無可避免地透過語言作用到我們的身上；並且，「社會行動的客觀基礎並無法被主體際之間相互認同以及用語言符號傳達的意義面向所窮盡」[7]，構成社會行動的客觀基礎除了語言之外，應該還包括了勞動與統治的經濟與政治要素；其次，高達美強調歷史的實效作用，並因此主張我們必須對傳統、前見甚而權威的存在價值進行重新估量的做法，則令哈伯瑪斯質疑哲學詮釋學是否真能發揮其所言的那種反思作用，原因是，倘若我們總是無法跳脫到自身視域之外去進行詮釋與理解的活動，則我們又要如何對自身的處境進行深刻的反思？這就如同Warnke所言，前見並不等同於意識形態，因此，即便哲學詮釋學說明了我們進行理解的處境，但這並不意味著其也同時說明了意識形態是如何地作用在我們理解的過程中。

對於意識形態的批判，是整個批判理論進行的重點，原因是，哈伯瑪斯認為，由於意識形態的宰制，主體際間所有的將是一種系統扭曲的溝通，其會隱匿人類存有的合理性，而使得人們無法在一種對等、無壓制的交流中，成就彼此真實、良善的生活。對哈伯瑪斯而言，哲學詮釋學關於語言與傳統的觀點，在某種程度上實是作為意識形態進行其宰控力的幫兇，使得意識形態在我們溝通與理解過程的無形壓制隱匿得更為深層，高達美主張「對於前見的闡明有時候也可以被視為是對權威的承認」就是一個明顯的例子。

哈伯瑪斯欲除去意識形態壓制的進路主要有二：其一，是

針對哲學詮釋學的觀點所提出的參照體系，主張構成社會行動的客觀基礎除了語言之外，尚包括了勞動與統治的要素，因此，欲擺脫意識形態的宰控，則我們就必須同時除去「外在自然的壓制──其內化到技術控制的過程中（勞動）」[8]，而表現爲一種技術控約的意識形態，以及「內在自然的壓制──其在社會權力的壓抑特質中被反映出來（統治）」[9]，而表現爲一種系統扭曲的溝通；其二，則是藉由精神分析理論的進路，來進一步證成批判理論在方法論上的解放旨趣。簡言之，亦即經由對人們溝通能力（communicative competence）的回復，而賦予其更大的理性控制的反思能力，從而除去意識形態的宰控。事實上，哈伯瑪斯對心理學進路的採用，正反映了他欲建構一套既具理論性又具規範性的理論架構的強烈企圖；不過，這也同時反映出他對於客觀方法與科學明晰性的無法忘情，即便他曾據此反駁功能主義欲建構一套客觀──意向性網絡的迷思，但其仍舊欲以精神分析理論這樣一套在人文領域當中的科學方法來保證其批判理論的客觀性。然而，對於方法的過度依賴與自信，則一向都是高達美所反對的，他認爲眞正的溝通與相互理解的達致，並無法因爲有了某種方法的保證而被孕育出來，畢竟此有不是實驗室中的鎂塊，只要控制水量的多寡，便可預知火花的大小。人們彼此之間相互一致的理解必須在不斷的對話過程中逐漸達致，原因是，對話的問答結構，預設了一種提問的開放性，使我們在不斷的問與答的對話過程中，藉由意識到自身的界限所在，而有了增擴自身原初視域，並甚而與他者視域交融、彼此理解的契機。不過，對於哈伯瑪斯而言，如此對

話模式的運作觀點似乎只是一種天眞的理想期待，而最主要的原因即在於其無法保證對話的雙方都具有相互溝通的良善意願，亦即對話無法保證溝通的進行；而假使對話的目的並不是爲了溝通，則這就又會回到意識形態壓制的問題上，亦即：經由對話，我們所達致的很可能並不是彼此之間相互一致的理解，而反是對話中的一方對另一方進行壓制的結果。

總結上述，高達美與哈伯瑪斯的論爭引曳出一個值得玩味的問題：高達美的哲學詮釋學強調此有的歷史處境，主張每一個人都必須且必然是「有根」的存有，前見、傳統與權威便是在此意義下取得其存在的正面價值。並且，歷史之得以延續，那是由於此有總是以語言爲中介，不斷地進行理解與詮釋的活動而表現其存有。哈伯瑪斯認爲高達美的歷史和語言觀點縱然在一定程度上解消了實證論過於簡化人類社會豐富面貌的謬誤，然而，對於權威的承認與對歷史作用的過度擴張，卻致使高達美成爲一個保守主義者，彷彿人們只能藉由不斷地刨掘過去來證成自身當下的存在，所有關於未來的籌劃，或個體自主性的解放，在哲學詮釋學的脈絡中，遠不及於古人的一本經典著作。這種將語言與傳統的作用過度擴充的做法，不僅無法對人們之間相互的理解帶來實際上的助益，反而使得意識形態更加光明正大地作用在我們日常生活中的溝通與理解活動。

只是倘若我們換個角度：啓蒙所揭櫫的理性精神，在於勇敢反抗傳統、迎擊權威，其傳統與權威所指涉者，不該僅是一種相對於現下的、過去的存有，而更該是一種制縛人們自主思辯、互動交往的強力；然而實際狀況卻是：人們似乎總是藉諸

啓蒙之名，將傳統與對傳統的反思斷然分立，彷彿承認了傳統
的價值，便等同於捨棄理性的救贖。在此情形下，高達美對啓
蒙的理性觀點提出質疑，並試圖為前見與權威正名的努力，顯
然不該被視為是一種保守主義的作為，因為對於反思的反思一
樣是一種積極的力量。同樣地，他強調此有必須在語言當中表
現自身的觀點，翻轉了語言的工具化與符號化傾向，試圖重新
賦予語言生氣盎然的豐富性，這更是一種具批判性的表現。

　　哈伯瑪斯的情形亦是如此，其作為一位批判理論的哲學
家，看似較高達美來得積極，然而實際上，他卻強調在傳統社
會中藉由交往互動所逐漸形成的規範體制與價值觀，遠比在現
代社會中工具理性運作下形成的方法策略來得難得，傳統有時
固然表現為一種具壓制力的意識形態，但這並不意味著信仰了
對傳統進行強烈批判的現代科學，就能夠將人們自這種壓制力
量當中釋出。因此，在某種意義下，哈伯瑪斯不僅承襲了高達
美的觀點，且經由批判詮釋學對意識形態的批判，將哲學詮釋
學中關於溝通與相互理解的企望推得更為極致。我們於是會發
現，批判與保守的分野，並非斷然立於對傳統的捨棄或保存的
態度上，高達美與哈伯瑪斯二人的論爭過程即應證了這一點。

註釋

1.曾慶豹，《哈伯瑪斯》，頁133。

2.參見高達美〈語言和理解〉一文，出自《真理與方法・第二卷》中譯本，頁212。

3.*Critical Circle*, p. 120.這是Hoy對於哈伯瑪斯觀點的闡述。

4.*Truth and Method*, p. 277.

5.Ibid., p. 276.

6.Ibid., p. 267.

7.*On the Logic of Social Sciences*, p. 173.

8.Ibid., p. 174.

9.Ibid.

參考書目

關於高達美以及高達美的著作

Gadamer, Hans-Georg(1995).*Truth and Method*, translated by Joel Weinsheimer and Donald G. Marshall, republished by Bookman Books, Ltd.

Gadamer, Hans-Georg(1976). *Philosophical Hermeneutics*, translated and edited by David E. Linge, published by California University Press.

Gadamer, Hans-Georg(1985). *Philosophical Apprenticeships*, translated by Robert R. Sullivan, published by The Murray Printing Co.

Brice R. Wachterhauser edited(1994). *Hermeneutics and Truth*, published by Northwestern University Press.

Georgia Warnke(1987). *Gadamer: Hermeneutics, Tradition and Reason*, published by Sanford University Press.

Joel C. Weinsheimer(1985). *Gadamer's Hermeneutics: A Reading of Truth and Method*, published by Yale University Press.

Hugh J. Silverman edited(1991). *Gadamer and Hermeneutics: Science, Culture, Literature*, published by Routledge, Chapman and Hall, Inc.

Matthew Foster(1951). *Gadamer and Practical Philosophy: The Hermeneutics of Moral Confidence*, published by Scholars Press.

Alan How(1995). *The Habermas-Gadamer Debate and the Nature of the Social: Back to Bedrock*, published by Avebury Ashgate Publishing Ltd.

James Risser(1997). *Hermeneutics and the Voice of the Other: Re-reading Gadamer's Philosophical Hermeneutics*, published by State University of New York Press.

關於哈伯瑪斯以及哈伯瑪斯的著作

Habermas, Jurgen(1988). *On the Logic of the Social Sciences*, translated by Shierry Weber Nicholsen and Jerry A. Stark, published by Polity Press.

Habermas, Jurgen(1989). *The New Conservatism*, translated and edited by Shierry Weber Nicholsen, published by Polity Press.

Habermas, Jurgen(1993). *Justification and Application: Remarks on Discourse Ethics*, translated by Ciaran Cronin, published by Polity Press.

Habermas, Jurgen(1995). *Moral Consciousness and Communicative Action*, translated by Christian Lenhardt and Shierry Weber Nicholsen, published by Polity Press.

Peter Dews edited(1999). *Habermas: A Critical Reader*, published by Blackwell Publishers Ltd.

Thomas Mccarthy(1978). *The Critical Theory of Jurgen*

Habermas, published by Polity Press.

Robert C. Holub(1991). *Jurgen Habermas: Critic in the Public Sphere*, published by Routledge.

Michael Pusey(1987). *Jurgen Habermas*, published by Ellis Horwood Ltd.

Maeve Cooke(1994). *Language and Reason: A Study of Habermas's Pragmatics*, published by The MIT Press.

Rick Roderick(1986). *Habermas and the Foundations Critical Theory*, published by St. Martin's Press.

David M. Rasmussen(1990). *Reading Habermas*, published by Basil Blackwell,.

Stephen K. White edited(1995). *The Cambridge Companion to Habermas*, published by Cambridge University Press.

J. M. Bernstein(1995). *Recovering Ethical Life: Jurgen Habermas and the future of critical theory*, published by Routledge.

C. Fred Alford(1985). *Science and the Revenge of Nature: Marcuse and Habermas*, published by University Presses of Florida.

Peter Dews edited(1992). *Autonomy and Solidarity: Interviews with Jurgen Habermas*, published by Verso.

Habermas, Jurgen(1976). *Communication and the Evolution of Society*, translated by Thomas McCarthy, published by Beacon·Press, Boston.

其他相關中文著作

洪漢鼎／夏鎮平譯（1995），《漢斯──格奧爾格・加達默爾，真理與方法第一卷、第二卷》（*Hermeneutik I II: Wahrheit und Methode*）。台北：時報。

李英明著（1992），《哈伯瑪斯》。台北：東大圖書公司。

嚴平著（1997），《高達美》。台北：東大圖書公司。

帕瑪著（1992），嚴平譯，《詮釋學》。台北：桂冠。

曾慶豹著（1998），《哈伯瑪斯》。台北：生智。

蔣豐年著（2000），《文本與實踐（二）》。台北：桂冠。

馬丁・海德格著，孫周興譯（1993），《走向語言之途》。台北：時報。

吳潛誠總編校（1997），《文化與社會》。台北：立緒文化。

恩斯脫・曼德爾著，張乃烈譯（1998），《馬克思主義經濟學簡論》。台北：唐山。

艾德蒙・威爾森著，劉森堯譯（2000），《到芬蘭車站：馬克思主義的起源及發展》。台北：麥田出版：城邦文化發行。

赫伯特・馬庫塞著，劉繼譯，《單向度的人：發達工業社會意識形態研究》。台北：桂冠、九大聯合出版。

J. Servier著，吳永昌譯，《意識形態》。台北：遠流出版。

馬克思・韋伯著，《文明的歷史腳步》。大陸：三聯文庫。

李明政著，《意識形態與社會政策》。台北：洪葉文化事業出

版。

里克爾著，林宏濤譯（1995），《詮釋的衝突》。台北：桂冠。

其他相關中文期刊

張鼎國，蕭高彥、蘇文流主編（1998），〈理解，詮釋與對話
　　從哲學詮釋學的實踐觀點論多元主義〉，《多元主義》。台
　　北：中央研究院中山人文社會科學研究所。

張鼎國（1997），〈書寫誌異與詮釋求通：追究一場南轅北轍
　　的哲學對話〉，東吳大學文化與差異研討會宣讀稿。台
　　北：外雙溪。

張鼎國（1997），〈海德格、高達美與希臘人〉，《哲學雜誌，
　　第二十一期》。台北：業強，頁98至125。

張鼎國（1999），〈文化傳承與社會批判——回顧Habermas、
　　Apel、Gadamer與Ricoeur間的詮釋學論爭〉，哲學‧社
　　會‧文化——第三屆人文社會科學哲學基礎研討會宣讀
　　稿。台北：政大。

胡夢鯨（1993），〈哈伯瑪斯溝通行動理論探微〉，《中正大學
　　學報》。台北，頁33至70。

羅曉南（1988），〈哈伯瑪斯對歷史唯物論的反省〉，《文
　　星》，頁114至121。

Anthong Giddens著，蔡耀明譯（1987），〈哈伯瑪斯〉，《思與
　　言》，第二十五卷，第四期。台北，頁403至416。

黃筱慧（1992），〈論文本詮釋中的意識形態批判——呂格爾詮釋理論的意識形態定位〉，《東吳哲學傳習錄》。台北：外雙溪，頁135至153。

張家銘（1993），〈說明、詮釋與批判——現代社會科學方法論爭議〉，《東吳哲學傳習錄》。台北：外雙溪，頁255至274。

莊文瑞（1993），〈化約主義・典範理論・無政府主義——現代西方自然科學方法論爭議〉，《東吳哲學傳習錄》。台北：外雙溪，頁233至253。

劉阿榮（1997），〈科技與意識形態的辯證發展〉，《中央大學社會文化學報，第四期》，頁67至99。

洪鎌德（1997），〈馬克思政治學的析評〉，《東吳哲學學報，第二期》，頁1至11。

莊慶信（1993），〈海德格與高達美對現代詮釋學的貢獻〉，《東吳哲學傳習錄》。台北：外雙溪，頁107至117。

其他相關英文著作

Richard E. Palmer(1969). *Hermeneutics: Interpretation Theory in Schleiermacher, Dilthey, Heidegger, and Gadamer.*

David Couzens Hoy(1978). *The Critical Circle: Literature, History, and Philosophical Hermeneutics*, published by University of California Press.

Kurt Mueller-Vollmer edited(1986). *The Hermeneutics Reader: Texts of the German Tradition from the Enlightenment to the Present*, published by Basil Blackwell.

Josef Bleicher(1990). *Contemporary Hermeneutics: Hermeneutics as Method, Philosophy and Critique*, published by Routledge, reprinted.

Gayle L. Ormiston & Alan D. Schrift edited(1990). *The Hermeneutic Traditoon: from Ast to Ricoeur*, published by State University of New York Press.

Walter Jost & Michael J. Hyde edited(1997). *Rhetoric and Hermeneutics in Our Time*: A Reader, published by Yale University Press.

Hans Herbert Kogler(1996). *The Power of Dialogue: Critical Hermeneutics after Gadamer and Foucault*, translated by Paul Hendrickson, published by The MIT Press.

Joel Weinsheimer(1991). *Philosophical Hermeneutics and Literary Theory*, published by Yale University Press.

Joseph J. Kockelmans(1972). *On Heidegger and Language*, published by Northwestern University Press.

John M. Connolly & Thomas Keutner translated and edited(1988). *Hermeneutics Versus Science ? : Essays by H.-G. Gadamer, E. K. Specht, W. Stegmuller*, published by University of Notre Dame Press.

John B. Thompson(1981). *Critical Hermeneutics: A study in the thought of Paul Ricoeur and Jurgen Habermas*, published by Cambridge University Press.

Sybe J.S. Terwee, *Hermeneutics in Psychology and Psychoanalysis*, published by Springer-Verlag.

Roberto Alejandro(1993). *Hermeneutics, Citizenship, and the Public Sphere*, published by State University of New York.

Nicholas Rescher(1993). *Pluralism: Against the Demand for Consensus*, published by Clarendon Press.

David Held(1980). *Introduction to Critical Theory: Horkheimer to Habermas*, published by University of California Press.

Richard J. Bernstein(1983). *Beyond Objectivism and Relativism：Science, Hermeneutics, and Praxis*, published by Basil Blackwell.

對話與溝通　　　Culture Map17

著　　者╱陳欣白

出 版 者╱揚智文化事業股份有限公司

發 行 人╱葉忠賢

總 編 輯╱林新倫

登 記 證╱局版北市業字第 1117 號

地　　址╱台北市新生南路三段 88 號 5 樓之 6

電　　話╱(02)2366-0309

傳　　真╱(02)2366-0310

郵撥帳號╱19735365

戶　　名╱葉忠賢

印　　刷╱偉勵彩色印刷股份有限公司

法律顧問╱北辰著作權事務所　蕭雄淋律師

初版一刷╱2003 年 6 月

定　　價╱200 元

Ｉ Ｓ Ｂ Ｎ╱957-818-509-X

E-mail：book3@ycrc.com.tw

網址：http://www.ycrc.com.tw

國家圖書館出版品預行編目資料

對話與溝通 / 陳欣白著. -- 初版. -- 臺北市
: 揚智文化, 2003 [民 92]
　　面 ; 公分
參考書目：面
ISBN 957-818-509-X(平裝)

　1.解釋學 － 比較研究

143.89　　　　　　　　　　92006546